JN298863

秦韓慕韓七國諸軍事安東大將軍倭國王順
帝昇明二年遣使上表曰封國偏遠作藩于外
自昔祖禰躬擐甲冑跋渉山川不遑寧處東征
毛人五十五國西服衆夷六十六國渡平海北
九十五國王道融泰廓土遐畿累葉朝宗不愆
臣雖下愚忝胤先緒驅率所統歸崇天極
百濟裝治船舫而句驪無道圖欲見呑掠
隷虔劉不已毎致稽滯以失良風雖曰進

監修者――加藤友康／五味文彦／鈴木淳／高埜利彦

［カバー表写真］
仁徳天皇陵

［カバー裏写真］
極楽寺ヒビキ遺跡検出遺構と復元建物

［扉写真］
『宋書』倭国伝
（百衲本二十四史）

日本史リブレット人002

倭の五王

5世紀の東アジアと倭王群像

Mori Kimiyuki
森 公章

目次

倭王武の上表文

中国が南北両朝▲に分かれて争っていたころ、四七八年に倭王《わおう》の武《ぶ》という者が中国南朝の宋《そう》に使者を派遣し、次のような上表文《じょうひょうぶん》を捧呈した。漢文の格調を味わうために、まずは原文の読下し文をあげてみたい(『宋書《そうじょ》』▲倭国伝《わこくでん》)。

興《こう》死して弟武立つ。自《みずか》ら使持節都督倭《しじせつととくわ》・百済《くだら》《ペクチェ》・新羅《しらぎ》《シルラ》・任那《みまな》・加羅《から》・秦韓《しんかん》・慕韓《ぼかん》七国諸軍事、安東大将軍《あんとうたいしょうぐん》倭国王と称す。順帝《じゅんてい》の昇明《しょうめい》二(四七八)年、使を遣して表を上《たてまつ》りて曰《いわ》く、「(1)封国は偏遠《へんえん》にして、藩を外に作《な》す。昔より祖禰《そでい》、躬《みずか》ら甲冑《かっちゅう》を擐《つらぬ》き、山川《さんせん》を跋渉《ばっしょう》し、寧処《ねいしょ》に遑《いとま》あらず。東は毛人《もうじん》を征すること五十五国、西は衆夷《しゅうい》を服すること六十六国。渡りて海北《かいほく》を平《たいら》ぐること九十五国。王道融泰《ゆうたい》にして、土を廓《ひら》き畿《き》を遐《はるか》にす。累葉朝宗《るいようちょうそう》して歳を

▼**南北朝時代**　魏晋《ぎしん》南北朝とも併称され、魏の建国から隋《ずい》の中国統一まで、強力な中央政権を欠き、王朝の交替がしきりであった。南北朝時代は江南《こうなん》と華北《かほく》に統一的王朝が併存した時代で、南朝は四二〇年宋の成立、北朝は五胡《ごこ》十六国を四三九年に統一した北魏《ほくぎ》の成立から始まり、五八九年北朝出身の隋による中国統一までの時期をさす。

▼**『宋書』**　中国南朝宋(四二〇〜四七九年)の歴史書。一〇〇巻。宋代からつくられていたが、梁《りょう》の沈約《しんやく》が四八八年に完成した。夷蛮《いばん》伝東夷《でんとうい》条には高句麗・百済・倭の三国伝しかないが、正式な国交に用いられた国書《こくしょ》(外交文書)を素材に叙述しており、史料的価値はきわめて高い。

愆《あやま》らず。(Ⅱ)臣、下愚《かぐ》なりと雖《いえど》も、忝《かたじけ》なくも先緒を胤《つ》ぎ、統《す》ぶる所を駆率《くそつ》し、天極に帰崇し、道百済を遙《へ》て、船舫《せんぼう》を装治す。而《しか》るに句驪《くり》無道にして、図りて見呑《けんどん》を欲《ほっ》し、辺隷《へんれい》を掠抄《りゃくしょう》し、虔劉《けんりゅう》して已《や》まず。毎《つね》に稽滞《けいたい》を致し、以《もっ》て良風を失い、路に進むと曰《い》うと雖も、或《あるい》は通じ、或は不《しか》らず。(Ⅲ)臣が亡考済《さい》、実《まこと》に寇讎《こうしゅう》の天路を壅塞《ようそく》するを忿《いか》り、控弦《こうげん》百万、義声に感激し、方《まさ》に大挙せんと欲せしも、奄《にわ》かに父兄を喪《うしな》い、垂成《すいせい》の功をして一簣《いっき》を獲《え》ざらしむ。居りて諒闇《りょうあん》に在り、兵甲を動かさず。是《ここ》を以て、偃息《えんそく》して未だ捷《か》たざりき。(Ⅳ)今に至りて、甲を練り兵を治め、父兄の志を申《の》べんと欲す。義士虎賁《こほん》文武《ぶんぶ》功を効《いた》し、白刃《はくじん》前に交わるとも亦《また》顧みざる所なり。若し帝徳の覆載《ふくさい》を以て、此の彊敵《きょうてき》を摧《くだ》き克《よ》く方難を靖《やす》んぜば、前功を替えること無けん。竊《ひそ》かに自ら開府儀同三司《かいふぎどうさんし》を仮し、其の余も咸《み》な仮授《かじゅ》して、以て忠節を励む」と。詔《みことのり》して武を使持節都督倭・新羅・任那・加羅・秦韓・慕韓六国諸軍事、
安東大将軍倭王に除す。

倭は日本の古名で、日本国号▲は七世紀末の天武《てんむ》・持統《じとう》朝ごろに成立したものと考えられているので、それ以前は倭国▲が使用されていた。今、上表文の部分

▼日本国号の成立　中国唐代の歴史を記した『新唐書《しんとうじょ》』によると、六七〇年の遣唐使《けんとうし》は倭国と称しており、七〇一年大宝《たいほう》度遣唐使の際に倭国から日本国への国号変更が認められたことがわかる。その名称は「日出処《ひいずるところ》」に由来するという説、「倭」の名辞が優雅でないので、変更したとする説、もと小国の日本が倭国を併合したとする説などが示されているが、不詳である。

▼倭国　倭国というまとまりができたのは二世紀前後と考えられる。五七年に後漢《ごかん》に遣使した奴国は倭の一国だったが、一〇七年の「倭国王帥升《すいしょう》等」は倭国王を名乗っており、帥升こそが初代の国王だったと推定される。倭人《わじん》は中国からみた列島住民の命名であるが、奈良県の旧国名大和国《やまとのくに》は八世紀中葉に成立した用字で、それ以前は倭国・大倭国と表記されていたので、倭人・倭国は列島住民の名乗りとして定着していた。

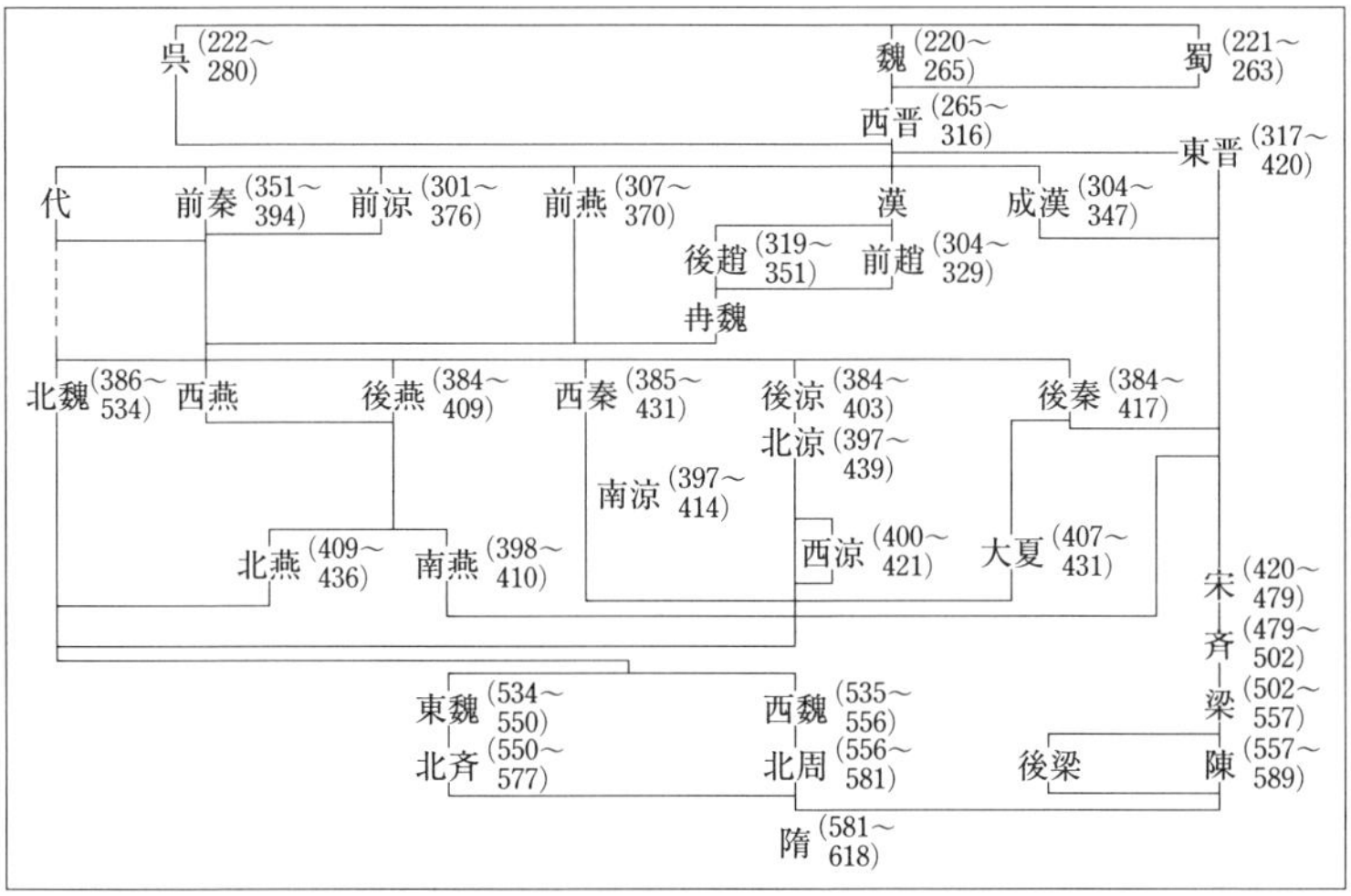

五胡十六国・南北朝の興亡(森公章『東アジアの動乱と倭国』による)

5世紀の東アジア(同上)

を適宜語釈を付して現代語訳すると、次のようになる。

（Ⅰ）わが国（累代倭国王として冊封《さくほう》されてきたこの国）は〔中国から〕はるか遠くにあって、外夷に対する天子の藩屏《はんぺい》になっています。わが先祖（禰は父の廟《びょう》、転じて父をさし、祖禰は父祖の意）は、代々みずから甲冑をまとって幾山河を踏み越え、席を温める暇もなく戦ってきました。東方の毛人を征すること五五国、西方の衆夷▲を服すること六六国、海を渡って北方（「海北」は朝鮮半島をさす）を平げること九五国にものぼりました。王道は遍《あまね》くゆきわたり、領土を拡げ境域は遠くまでおよんでいます（中国皇帝の徳は安泰であり、皇帝の地を都のはるか遠くに広めたの意）。しかも歴代の倭王は、宗主《そうしゅ》〔たる中国の天子〕のもとに使者を入朝せしめ、その年限を違えることはありませんでした。

（Ⅱ）私はおろかしくもその器ではありませんが、忝なくも王統《おうとう》を継承しました。統治するところを率いて天子《てんし》にお仕えしようとし、百済▲からなおはるかな道のりゆえ、航海の準備もおこたらなかったのです。しかるに〔高〕句驪（「驪」は高句麗《こうくり》《コグリョ》▲を貶《おとし》めた貶字《へんじ》）は理不尽にも〔百済を〕併呑《へいどん》しようと企て、辺隷（中国の辺境の意で、ここでは百済を含む朝鮮半島南部地域をさす）を掠抄し殺戮《さつりく》をやめようと

▼毛人と衆夷　ともに中華《ちゅうか》思想に基づく世界観から、辺境の人びとを命名したもの。毛人はエミシ（蝦夷）のことで、関東・東北地方の住民で、倭王権に完全には服属していない人びと、衆夷は中九州・南九州の熊襲《くまそ》・隼人《はやと》などをさすと考えられる。

▼百済　馬韓《ばかん》の一国である伯済《はくさい》国を中心に馬韓諸国を統一して成立。都は漢城《かんじょう》。のち高句麗に圧迫され、熊津《ゆうしん》、さらに扶余《ふよ》《プヨ》に遷都。六六〇年唐《とう》・新羅によって滅ぼされた。百済遺民は百済復興運動を展開したが、六六三年白村江《はくそんこう》《はくすきのえ》戦で応援の倭国の軍隊が大敗し、百済も完全に滅亡する。

▼高句麗　中国東北部の夫余《ふよ》族が建国。三一三年楽浪《らくろう》郡を滅ぼし、朝鮮半島北部を領有した。四～六世紀が全盛期で、平壌《へいじょう》《ピョンヤン》に遷都、百済・新羅を圧迫する。七世紀に隋・唐の攻撃を撃退したが、六六八年唐・新羅に滅ぼされた。

しません。〔わが使者を天子のもとに遣わす〕たびに、途中で〔高句麗に〕押し止められ、良風（年限を違えず朝貢《ちょうこう》する美風）を失っています。海路を進むことがあっても、あるいは通じ、あるいは通じえないありさまです。

（Ⅲ）私のなき父の済は、〔高句麗が〕入朝の海路を塞《ふさ》いでいるのをいきどおり、戦備を整えた一〇〇万にものぼる兵士たちも義声をあげて感激し、大挙出征しようとしていましたが、そのとき、にわかに父（済）と兄（興《こう》）とを喪い、まさに成就せんとしていた功も水泡に帰してしまいました。〔私は〕諒闇（君主が服喪する部屋）に籠って、軍隊を動かせず、これゆえにいたずらに安息して、いまだに〔高句麗に〕勝利していません。

（Ⅳ）今にいたり、甲を練り兵をおさめ、父と兄の遺志を継ごうとしています。節義ある人士も勇猛なる軍隊も、文官も武官も功を立て、白刃が眼前に交わろうとも顧みはしません。もし皇帝の四海を覆う恩徳によりこの強敵（高句麗）を打ち摧《くだ》き、わが国難を除いて太平をもたらしていただけるならば、歴代天子への忠誠をかえることはないでしょう。私はひそかにみずから開府儀同三司▲を仮称し、その余〔の官爵〕もみな仮授して、忠節に励んでいます。

▼**開府儀同三司**　地位の高さを示す名誉称号で、開府府を設置し、その下に将軍号などの品階の高下に応じて長史《ちょうし》・司馬《しば》・参軍《さんぐん》などを府僚としておくことができる。

倭王武の上表文は、（Ⅰ）倭国の歴史と過去における宋との関係を概観したうえで、（Ⅱ）近時における国際的案件の発生（高句麗と百済の戦争）と倭国の宋への入貢断続化の現況を説明し、（Ⅲ）ふたたび時をさかのぼって近き過去の状況として、倭王済の時代の対高句麗戦準備とその中断について述べ、（Ⅳ）武自身の対高句麗戦遂行の意志とそのための官爵仮授の執行を上表する、という構成になっている。武以前の倭王として、父の済、兄の興の存在が知られ、周知のように、讃《さん》・珍《ちん》とあわせて、五世紀には讃・珍・済・興・武の倭の五王が活躍していたのである。

上表文には倭国の国内統一のようす、朝鮮半島との関係、とくに百済と高句麗の戦争が言及されており、また倭王が宋に官爵の正式な授与（除正《じょせい》）▲を求めることも記されている。実は倭国はこれ以後、六〇〇年の遣隋使《けんずいし》▲派遣まで中国との通交を途絶しており、その意味でも武の遣使は画期になった。以下、この倭の五王の外交と内政を検討し、また倭国側の文献史料である『古事記《こじき》』『日本書紀《にほんしょき》』（記紀《きき》と総称）に登場する人物との関係から、その人となりなどにふれることができればと思う。

▼仮授と除正　中国に官爵授与を申請する際、諸国はまず希望の官爵をかりに称して、その正式な任命（除正）を求めた。倭国の場合は自称の称号がすぐには認められず、何度か遣使を重ねたうえで、希望に近い官爵を授与されている。

▼六〇〇年の遣隋使　記録上は第一回目の遣隋使と解すべきであるが、『隋書《ずいしょ》』倭国伝のみに記され、『日本書紀』には記載されていない。『隋書』によると、倭国の使者が自国の政治のやり方を得々と述べたところ、隋の初代皇帝文帝《ぶんてい》に改善を訓告されたという。六〇三年冠《かん》位十二階《いじゅうにかい》制定など推古《すいこ》朝の一連の改革の契機になる体験であるが、中国との懸隔《けんかく》を知って恥をかいたので、掲載されなかったと考えられる。

①—五世紀の倭国と東アジア

中国南朝との通交

まず中国側の史書に記録された倭《わ》の五王と中国南朝との通交を整理すると、次のようになる（出典は当該の中国史書で、紀は本紀《ほんぎ》、伝は倭国伝《わこくでん》▲を示す。◎印は月不詳）。

四一三年◎…高句麗《こうくり》《コグリョ》・倭国が東晋《とうしん》に入貢《にゅうこう》（紀）
四二一年◎…倭讃《さん》、宋《そう》に入貢→除授《じょじゅ》あり（伝）
四二五年◎…倭王讃、司馬曹達《しばそうたつ》を遣わし、宋に入貢（伝）
四三〇年正月…倭国王、宋に入貢（紀）
四三八年四月…倭王珍《ちん》、宋に入貢。自称「使持節都督倭・百済・新羅・任那・秦韓・慕韓六国諸軍事、安東大将軍倭国王」→除正《じょせい》「安東将軍倭国王」。倭隋ら一三人の平西《へいせい》・征虜《せいりょ》・冠軍《かんぐん》・輔国《ほこく》将軍号の除正を求める（伝）
四四三年◎…倭王済《せい》、宋に入貢→除正「安東将軍倭国王」（紀・伝）

▼**本紀と列伝**《れつでん》　『史記《しき》』に始まる歴史叙述の一形式を紀伝体《きでんたい》といい、帝紀《ていき》（皇帝の事績）と列伝（重要人物の伝記や周辺国の地誌）などが中心になる。周辺国との関係については列伝のほうが詳細であり、また帝紀と列伝の記載が相違する場合は、列伝のほうに依拠すべきと判断されることが多い。

四五一年◎…倭王済、宋に入貢→加除「使持節都督倭・新羅・任那・加羅・秦韓・慕韓六国諸軍事」。二三人の軍・郡(将軍号と郡太守《ぐんたいしゅ》号《ごう》)を除正(伝)

四六二年三月…倭王世子興《こう》、宋に入貢→除正「安東将軍倭国王」(紀・伝)

四七七年十一月…倭国、宋に入貢(紀)

四七八年五月…倭王武《ぶ》、宋に入貢し、上表《じょうひょう》。自称「使持節都督倭・百済・新羅・任那・加羅・秦韓・慕韓七国諸軍事、安東大将軍倭国王」、「竊自仮開府儀同三司、其余咸仮授」→除正「使持節都督倭・新羅・任那・加羅・秦韓・慕韓六国諸軍事、安東大将軍倭王」(紀・伝)

四七九年◎…南斉《なんせい》、倭王武を鎮東《ちんとう》大将軍に進号(伝)

五〇二年四月…梁《りょう》、高句麗王高雲《こううん》を車騎《しゃき》大将軍、百済王余大《よだい》を征東大将軍、倭王武を征東将軍に進号(紀)

これらのうち、四一三年の通交は『晋書《しんじょ》』安帝《あんてい》紀義熙《ぎき》九年是歳条に、高句麗・倭国と西南夷《い》の銅頭大師《どうとうだいし》が方物《ほうもつ》を献上したとあることによるものである。『太《たい》平御覧《へいぎょらん》』▲巻九八一香部《こうぶ》一麝《じゃ》条所引の「義熙起居注《ぎききょちゅう》」▲には、倭国が貂皮《てんがわ》・人参《にんじん》を献上したので、東晋は細笙《さいしょう》・麝香《じゃこう》を下賜したという記述もある。後述のように、四世紀末〜五世紀初めに倭国は百済を支援して高句麗と戦っており、倭王武の上表文にも高句麗征討計画が記されている。しかしながら、倭国と戦った広開《こうかい》土王《どおう》(好太王《こうたいおう》)が死去して、長寿王《ちょうじゅおう》が即位した四一三年以降、四二七年に高句麗が丸都国内城《がんとこくないじょう》から平壌《へいじょう》《ピョンヤン》に遷都してさらなる南下を企図するまでのあいだは、倭国が高句麗と連携する可能性があったという意見もある。

そこで、四一三年には倭・高句麗の共同入貢がなされたとする説が呈されている。しかし、「義熙起居注」の倭国の献上品はむしろ高句麗の特産品と思われ、またこの時期にはやはり倭国と高句麗が提携することはなかったとみて、これは高句麗がさきの戦役で捕虜にした倭人をともなって入貢したものと解するべきだとする説もある。さらに「義熙起居注」の献上品・下賜品は倭国ではおかしく、これは高句麗の誤記とすべきであるが、『晋書』安帝紀は各国の同時入貢と解する必要はなく、個別の入貢を一括して記したものとみれば、倭国の単独入貢であったと位置づけることができるという説も示されている。

▼**『太平御覧』** 中国の北宋初の類書。一〇〇〇巻。皇帝の知識の源泉となることを志向して編纂され、引用書は一六九〇種におよび、多くの散逸書を含む。日本では平安時代以降、貴族層などにも貴重書として重視された。

▼**「起居注」** 中国で天子の言行ならびに勲功を記した、日記体の政治上の記録。歴朝に起居注があり、史書編纂の素材とした。中国では超越的神格ではなく、為政者たる君主の言動に道徳の源泉を求め、そこに人生の規範をみいだそうとする儒教《じゅきょう》文明の特色が存したので、史官は中立の立場から天子の起居法度《はっと》を記録することが求められた。

共同入貢説と単独入貢説は四一三年の東晋との通交を認めるものであり、倭人捕虜同行説は倭国の通交を否定する説となる。共同入貢説は高句麗との和平関係を証明できず疑問が残り、単独入貢説に関しても、この時期に倭国が東晋と通交する積極的な理由が不明で、やはり支持しがたい。四一三年の記事は高句麗の東晋入貢の文脈として理解しておきたい。四二〇年に東晋が滅亡し、宋が興起したとき、宋は高句麗王高璉《こうれん》（長寿王▲）を征東大将軍、百済王余映《よえい》（腆支《てんし》王《おう》▲）を鎮東大将軍に進号しており、四二一年の倭讃の入貢はこの宋成立のタイミングをとらえたもので、それゆえに除授をえたのだと考えることができる。

この時期、中国南朝では宋、北朝では北魏《ほくぎ》▲による安定が保たれ、中国の情勢に落着きが戻ってくる兆しがみえていた。百済では倭国と友好関係を維持した腆支王が四二〇年に死去し、久尓辛王《くにしんおう》（在位四二〇～四二七年）、毗有王《ひゆうおう》（在位四二七～四五五年）の時代になるが、百済の宋入貢は四二四年が最初で、東アジア情勢の変化に即応できないなんらかの事情があったのだろうか。そこで、倭国としては独自の東アジア外交を模索する必要があり、百済よりも一足早く、宋成立に即応して入貢するという行動にでたのである。

▼**長寿王**　広開土王の子。在位四一三～四九一年。『三国史記』には諱を巨連《きょれん》（璉）とし、中国史書で高璉という姓名を名乗っているのは、名の一文字をとったもの。父の戦果を継ぎ、五世紀における高句麗優勢の情勢を現出した。

▼**腆支王**　在位四〇五～四二〇年。直支王《ときおう》ともいい、三九七年太子の時代に倭国に「質《むかはり》」として派遣された。父阿莘王《あしんおう》（阿花王《あかおう》）が死去すると、仲弟訓解《ちゅうていくんかい》が政治をとって、太子の帰国を待っていたが、末弟碟礼《ちょうれい》が反乱を起こしたので、腆支は倭国の支援で帰国、国人が碟礼を殺害したのちに即位した。

▼**北魏**　鮮卑《せんぴ》の拓跋珪《たくばつけい》が三八六年に建国。内モンゴルから興り、外モンゴルの高車《こうしゃ》を征服し、中国に進出した。都《みやこ》を平城《へいじょう》に営み、部《ぶ》族《ぞく》制を解散して中国的専制体制をとる。六代孝文《こうぶん》帝は四九四年洛陽《らくよう》に遷都し、中国同化政策をとった。五三四年東西に分裂する。

四七七年の通交は四七八年と一体のもので、年次は四七八年のほうがよいようである。また四七九年の南斉、五〇二年の梁による進号は、やはり新王朝成立にともなうものであり、必ずしも各国の入貢を裏づけるものではない。ともに登場する倭王武についても、実際には倭国からの遣使はなかったのであるから、武の生存云々とも無関係であるといわねばならない。したがって五世紀代に倭国が通交したのは宋だけであり、四七八年の倭王武の遣使が最後になったとまとめることができよう。

なお、宋との通交に際して、倭王は倭讃などと名乗っており、この「倭」が倭王の姓と目されていたことがわかる。同時期の高句麗は「高」某、百済は「余《よ》▲（扶《ふ》余）」某と称し、これらが各王家の中国風の姓になった。倭国に関してはその後通交が途絶するので、倭国では君主の姓としての「倭」姓は定着しなかったが、中国王朝との外交の場面で「倭」という姓が用いられたことには注目しておきたい。

▼余（扶余）姓と百済の出自

『三国史記』によると、百済の始祖温祚《おんそ》は、北扶余から卒本《そっぽん》扶余に避難してきた高句麗の始祖朱蒙《しゅもう》が、卒本扶余の王女と結婚して生まれた子である。朱蒙が王位につくと、北扶余にいたときに生まれた子が卒本扶余に来て太子になったので、温祚は漢江《かんこう》の南の慰礼城《いれじょう》（ソウル市風納土城《ハンガン》）を都として百済を建国した。

百済と高句麗の戦争

倭王武の上表文に登場する高句麗征討計画に関連して、ここで少し時期をさかのぼって、四世紀後半以来の東アジア情勢と倭国の関与のあり方を説明しておきたい。三一三・三一四年、高句麗が晋（西晋《せいしん》）の楽浪郡《らくろうぐん》▲（朝鮮民主主義人民共和国平壌付近）・帯方郡《たいほうぐん》▲（大韓民国ソウル付近）を滅亡させたのち、高句麗と同様に扶余系の出自を有する百済が旧帯方郡域をおさめた。百済は建国当初から高句麗と直接対峙しており、高句麗の南下にどのように対処するかが、百済の国策課題になっていたのである。

四世紀中葉までの高句麗は、中国の五胡《ごこ》十六国の王朝、とくに北方の前燕《ぜんえん》▲などへの対応に苦慮し、まだ南下の行動にはでていなかった。三六九年、高句麗の故国原王《ここくげんおう》はついに歩騎二万を率いて来襲し、雉壌《ちじょう》（黄海道《ファンヘド》白川郡銀川面《はくせんぐんぎんせんめん》白川か）に屯営して、百済の住民を掠奪する。これに対して、百済の近肖古王《きんしょうこおう》は太子（近仇首王《きんきゅうしゅおう》）を派遣して高句麗を撃破し、五〇〇〇余の首級をえたという。そして、三七一年には高句麗が再度侵攻、百済はこれを撃退するとともに、十月には近肖古王が兵三万を率いて高句麗の平壌城を攻撃する。このとき、高句麗

▼**楽浪郡**　前漢《ぜんかん》の紀元前一〇八年に設置。漢の朝鮮統治の中心で、漢の政治・文化を東方に伝播する拠点として栄えた。『漢書』地理志には倭人も定期的に通交していたと記されている。魏・晋と継がれたが、三一三年に高句麗に滅ぼされた。

▼**帯方郡**　後漢末に遼東《りょうとう》《リャオトン》半島の豪族公孫氏《こうそんし》が楽浪郡南部を割いて設置した郡。魏・晋も領有。倭国も遣使通交した。三一三年に高句麗に滅ぼされた。

▼**前燕**　中国の五胡十六国の王朝の一つ。慕容氏《ぼようし》の建国で、三四九～三七〇年に存続。高句麗に攻勢を仕かけ、三四二年慕容皝《かい》が丸都国内城に侵入し、前王の陵《みささぎ》を発《あば》いてその屍《しかばね》を奪取したので、高句麗は前燕に朝貢し、屍を取り戻した。前秦《ぜんしん》の台頭により前燕が滅亡し、高句麗には北方の脅威がなくなったため、南下政策に専念することができた。

の故国原王は流矢にあたって死去してしまい、百済が勝利をおさめ、漢山《ハンサン》(ソウル)に遷都し、地歩を固めることができたのである。

対高句麗戦に独力で大勝利をえた百済は、三七二年、史上はじめて中国南朝の東晋に入貢し、東アジアの国際舞台に登場する。このとき、百済王は鎮東将軍領楽浪太守に冊立され(『晋書』簡文帝《かんぶんてい》紀)、旧楽浪郡域を領有する高句麗との戦争を義務づけられることになる。百済は中国王朝との通交を後ろ盾として、対高句麗戦の名分をえようとしたといえよう。百済はまた南の倭国とも通交し、対高句麗戦遂行の実質的支援勢力を味方にしようとしている。

『日本書紀《にほんしょき》』によると、神功《じんぐう》紀四十六(二四六+一二〇→修正紀年▲三六六)年の連絡開始から、早速に翌年四月条に百済使の倭国への来朝記事がみえる。そして、神功紀五十二(二五二+一二〇→三七二)年に七枝刀《ななつさやのたち》一口・七子鏡《ななつこのかがみ》一面などの献上があり、これが奈良県天理《てんり》市石上神宮《いそのかみじんぐう》に現存する七支刀《しちしとう》である。七支刀には「(表)泰和《たいわ》四(東晋の太和《たいわ》四=三六九)年五月十六日丙午《へいご》正陽造百練鉄七支刀生辟百兵宜供供侯王□□□□作/(裏)先世以来未有此刀百濨王《くだらおう》世子奇生聖音故為倭王旨造伝示後世」の銘文▲があり、その解釈には百済献上説、百済下賜説、百

▼修正紀年　『日本書紀』の記事のうち、とくに雄略《ゆうりゃく》紀以前の紀年と中国・朝鮮の史書に知られる出来事は年次が合致しないことが多い。『日本書紀』編纂の素材になった百済系史料は干支《かんし》表記を用いており、干支二運、つまり一二〇年を加算すると、年次が合致する場合が多いので、紀年を修正したうえで、実際の暦年代を算出することが行われている。

▼七支刀銘文読解の論点　裏面は「奇生」を貴須=百済王の世子たる近仇首王、「倭王旨」を倭国王の名とするか、あるいはこれらを普通名詞とみるか、また「聖音」を仏教・道教《どうきょう》的な普通名詞と考えるか、「聖晋」と読み、東晋の冊封下を強調するものと解するかなどなど、定釈が確立されていない点が多い。

済―倭対等説などがあるが、裏面は「先世以来未だ此の刀有らざるに、百済王・世子、聖音に生くるを奇とし、ゆえに倭王の為に旨造（精巧につくるの意）し、後世に伝へ示す」と読み、上下関係を含まない贈呈を示すと解するのが有力な説になっている。

　このようにして交わりを結んだ倭国と百済の関係が、早速にためされるときがくる。高句麗広開土王碑▲文（中華人民共和国吉林《きつりん》省集安《しゅうあん》市）に記された高句麗との戦闘である。広開土王（好太王、在位三九二〜四一三年）はその諡《おくりな》のとおりに高句麗の支配領域拡張につとめ、次の長寿王（在位四一三〜四九一年）とともに、五世紀における高句麗優勢の状況をつくりだした。碑文に描かれた百済・倭との戦闘は、次のようになっている。

三九六年…倭は三九一年以来渡海して百済・新羅を「臣民《しんみん》」としたが、この年百済を破り、五八城・七〇〇村を奪取、百済王の弟と大臣一〇人を捕虜とし、百済を高句麗の「奴客《どきゃく》」とする。

三九九年…百済がふたたび倭と「和通」する。

四〇〇年…歩騎五万を遣わし、新羅を救い、「倭賊」を撃退する。さらに

▼広開土王碑　好太王碑とも。四一四年に建碑。高さ六・三四メートル、幅平均一・五九メートルの方柱状の自然石で、四面に一七七五字がきざまれている。一八八〇年に発見された。

▼安羅人戍兵　安羅は金官国とともに南部加耶地域の中心国の一つ。現在の咸安《かんあん》《ハマン》付近。これを「（高句麗が）羅人（＝新羅人）を（城に）安置して守備させる」の意とする解釈も呈されているが、やはり安羅人の加耶地域と新羅の境界を守る兵卒の意で、倭人とともに新羅に侵攻していたと解すべきであろう。

「任那加羅《みまなから》」の城を攻略し、「安羅人戍兵《あらじんじゅへい》」▲とも戦う。
四〇四年…倭が帯方方面に侵入したので、「倭寇《わこう》」を潰敗し斬殺する。

碑文はあくまでも広開土王の顕彰という、高句麗の立場に立って記されたものであることを忘れてはならないが、総体的にみて、戦況が倭国や百済には不利であり、高句麗の優勢が確立していくことは認めねばならない。四〇〇年の戦闘は、倭と加耶《かや》地域の金官《きんかん》・安羅などが新羅への攻勢を行ったのに対して、高句麗が新羅を救い、これらを敗退させるという結末に終った。高句麗は新羅を従属下におくとともに、加耶地域にも影響力をおよぼしたらしく、金官国▲の故地にあたる釜山《ふざん》《プサン》市東萊《とうらい》《トンネ》区福泉洞《ふくせんどう》《ポクチョンドン》古墳群で検出された五世紀中葉の首長墓《しゅちょうぼ》からは高句麗系の甲冑《かっちゅう》類・馬具類が出土している。

『三国志《さんごくし》』▲魏書東夷《とうい》伝弁辰《べんしん》条には、加耶諸国につながる弁辰地域が鉄資源の産出地であり、倭国もその供給をえていたとされ、魏志倭人伝に「倭国の北岸」と記される弁辰狗邪《くや》韓国が金官国につながっていくのである。また五世紀に到来した有力な渡来系氏族である東漢《やまとのあや》氏《うじ》は後漢の霊帝《れいてい》を祖としている(『新撰姓氏《しんせんしょうじ》録《ろく》』▲)が、「漢《あや》」は朝鮮半島南部の安羅(阿羅《あら》、阿那加耶《あなかや》、阿尸良《あしら》とも。魏志韓伝の弁

▼**金官国**　魏志倭人伝に倭国の北岸とある弁辰狗邪《べんしんくや》韓国を継承する南部加耶地域の有力国の一つ。現在の釜山付近。『三国遺事』巻二所引「駕洛国記」によると、大駕洛とも称され、後漢光武帝《こうぶてい》の建武《けんむ》十八(四二)年三月、天からくだった黄金卵から生まれた首露《しゅろ》が建国したという。五三二年新羅に降伏した。

▼**『三国志』**　魏・呉《ご》・蜀《しょく》三国の紀伝体の正史。六五巻。晋の陳寿《ちんじゅ》の撰。魏志倭人伝には邪馬台国《やまたいこく》に居住した倭国の女王卑弥呼に関する記述が存し、倭国の歴史や魏との通交のようすが知られる。

▼**『新撰姓氏録』**　左右京《さうきょう》・五畿《ごき》内《ない》の一一八二氏の系譜を集成。万《まん》多《だ》親王《しんのう》らの撰。三〇巻。八一五(弘仁《こうにん》六)年撰上。皇別・神別・諸蕃に分類し、始祖・同祖関係を記載する。

辰安邪《あや》国)に比定され、彼らはこの半島南部の混乱期に倭国に亡命してきた渡来人の一団とみなされる。倭国は有史以来この地域と関係を有しており、対高句麗戦の遂行、百済や加耶地域との関係維持が、倭国自身の重たい課題になっていくのである。

倭の五王が求めたもの

倭の五王が宋に遣使したのは、自称・除正の称号に示された地位の承認を求めるためであった。称号の末尾にでてくる「倭国王」はもちろん倭国の支配者の地位を国際的に認定してもらうための措置であり、女王卑弥呼《ひみこ》▲の親魏倭王《しんぎわおう》などと同様に、中国王朝の権威を借りながら、国内支配の維持・安定につとめる必要があったことを示している。

つぎに、その他の称号については、「使持節《しじせつ》」は皇帝から「節」(はたじるし)を授けられて委任を受けたことを示し、「都督《ととく》……諸軍事」はそこにあげられた地域の軍事権の承認を意味する。なお、「都督……諸軍事」は軍事権の承認を示すだけで民政権は含まれておらず、倭国がその地域を支配していたかどうか、民

▼**卑弥呼**　魏志倭人伝にみえる倭国の女王。邪馬台国に居住。二世紀末~三世紀初めに卑弥呼が王に共立されると、長らく続いた争乱がしずまった。男弟の政治輔佐のもと、鬼道《きどう》という呪術《じゅじゅつ》的な力で人びとを支配した。二三九年に魏に遣使し、「親魏倭王」の称号と金印《きんいん》を授与された。二四七年狗奴《くな》国《こく》との戦争のさなかに没すると、大きな塚が築かれ、奴婢が殉葬されたという。

政権を要求できるような支配を行っていたかどうかはまったく別問題であった。したがって使持節都督諸軍事は任務を委ねられた地域での最高の軍事権を意味し、倭国は要求可能な軍事権の委任を求めたものと理解することができる。

地域名のなかでは、任那は広開土王碑文にも「任那加羅」としてでてきた地域で、南部加耶諸国の中心国の一つ金官国をさす。『日本書紀』では神代《じんだい》紀に登場するスサノヲの新羅あるいは韓郷之島《からくにのしま》への降下記事を除けば、実質的な最初の外交記事は崇神《すじん》紀六十五年七月条であり、垂仁《すいにん》紀二年是歳条とあわせて考えると、任那人蘇那曷叱知《そなかしち》＝意富《おお》加羅国王之子都怒我阿羅斯等《つぬがあらしと》（別名を于斯岐阿利叱《うしきありし》智干岐《ちかんき》といい、于斯岐と蘇那曷▲は同意で、阿利叱智・叱知・干岐はいずれも君主を示す語）の来航が記されている。ここに登場する任那＝意富加羅国は『三国遺事《さんごくいじ》』▲巻二所引「駕洛国記《からこっき》」の大駕洛＝金官国にほかならないのである。

「任那」が金官国をさす用例は朝鮮側の史料にも散見しており（『三国史記《さんごくしき》』▲巻四十六強首《ごうしゅ》伝、九二四年崔仁滾《さいじんこん》撰「真鏡大師月凌空塔碑《しんきょうだいしげつりょうくうとうひ》」）、中国史書の『宋書』でも任那＝金官国と解して大過ないと思われる。加羅は『南斉書』加羅国伝に四七九年に国王荷知《かち》が南斉に入貢したことが記されており、その際に「輔国将軍本国

▼**蘇那曷と于斯岐**　「蘇」は「于斯」（牛）の朝鮮語 sio を、「那曷」は「岐（来）」と同義で「出る」「行く」の朝鮮語の語根 na-ka を写したものと説明できる。

▼**『三国遺事』**　朝鮮の私撰の史書。五巻。高麗《こうらい》の僧一然《いちねん》の撰。十三世紀末ごろ成立。古朝鮮から統一新羅時代までを扱い、伝説・説話などが多く記載されている。とくに仏教説話が多く、『三国史記』とは異なる史料価値をもつ。

▼**『三国史記』**　朝鮮の官撰史書。五〇巻。高麗の金富軾《きんふしょく》が一一四五年に完成。新羅・高句麗・百済の歴史を紀伝体で記し、各本紀と年表・志・列伝からなる。

王」に除正されたという。この加羅は北部加耶諸国の中心となる大加耶《だいかや》(高霊《こうりょう》《コリョン》、伴跛《はへ》《バンパ》)をさすものと考えられる。

　秦韓・慕韓は辰韓・馬韓《ばかん》で、通常は三四六年に馬韓から百済、三五六年に辰韓から新羅が成立すると説明されているが、新羅や百済にまだ編入されていない独立した地域が残っていたものと推定される。近年、朝鮮半島西南部の全羅《ぜんら》《チョルラ》南道《なんどう》《ナムド》の栄山江《えいざんこう》《ヨンサンガン》流域では五世紀後半〜六世紀前半の前方後円墳《ぜんぽうこうえんふん》▲がみつかっており、六世紀前半ごろまで百済とは一定の距離をおき、倭国と提携する独自の勢力が存立していたことが知られている。この地域が百済の領域に編入されるのは、後述の四七五年の百済滅亡の危機と熊津《ゆうしん》《くまなり》遷都による復興の五世紀末〜六世紀のことであり、漢城を首都とする段階では僻遠の地にとどまっていた。新羅と秦韓の関係も同様であり、秦韓・慕韓は実際の地域名として意味のあるものであった。

　以上、倭の五王の称号に登場する軍事権要求の範囲が、当時の国際情勢のなかでそれぞれに意味を有する地であることを述べた。この点に関しては、四九〇年、四九五年の百済東城王《とうせいおう》が臣下に除正を求めた太守号について、中国の山《さん》

▼**栄山江流域の前方後円墳**　朝鮮半島西南部で検出された前方後円形の古墳。現在一〇余基が確認されており、存続時期は五世紀後半から六世紀前半に限定される。百済には完全に服属していない馬韓(慕韓)勢力の残存を示すとする説、百済が派遣した倭系百済官僚の墳墓とする説などがあり、当該期のこの地域の情勢を考える材料として注目される。

東《とう》・河北《かほく》省の地名である広陽《こうよう》・城陽《じょうよう》や高句麗の領域に含まれる楽浪・朝鮮などがみえており（『南斉書』百済伝）、これらはまったくの虚号で意味はないとして、倭の五王の称号も同様に解釈しようとする意見が呈されている。

しかし、『宋書』『梁書』百済伝によると、百済は晋代に中国で軍事活動を展開し、遼西《りょうせい》・晋平《しんぺい》二郡の地をおさめたと記されており、対高句麗戦の課題にかかわる楽浪郡域ともども、百済の「旧領」回復の主張がこめられたもので、一定の意味合いが存すると考えられる。除正は認められなかったが、百済王の臣僚が称した面中王《めんちゅうおう》・都漢王《とかんおう》・八中侯《はっちゅうこう》・阿錯王《あさくおう》・邁羅《まいら》（盧《ろ》）王《おう》・辟中王《へきちゅうおう》・弗中侯《ふっちゅうこう》などはいずれも全羅南・北道《ほくどう》《ブクド》の地名で、当時百済が経略を進めていた地域であった。したがって倭の五王の称号は虚号ではなく、なんらかの政治的意図を有するもの、これらの地域における軍事展開の許可を求める意味があったと思われるのである。

東アジアのなかの倭国

ただし、倭の五王が要求した地域名のなかでは、倭国側の自称には百済が含まれているが、宋の承認（除正）では必ず除外されていることには留意しなければならない。百済は三七二年の東晋入貢以来、中国南朝に通交し、「使持節都督百済諸軍事鎮東大将軍百済王」（『宋書』高句麗伝、四二〇年宋成立時の進号記事による）などの官爵号をえていた。すでに百済を冊封《さくほう》して倭よりも格上の将軍号をあたえている宋としては、倭国が要求する百済の軍事権付与を認めることはできなかったのである。

倭の五王が自称・除正された安東（大）将軍は、宋の将軍表では第三品《ぴん》・第二品に相当している。ただし、同品内でも各将軍号には序列が存し、高句麗・百済と比べると、倭の五王の将軍号はつねに劣位であり、中国王朝からみて高句麗、百済、倭という序列は変わらなかった。倭王武は開府儀同三司《かいふぎどうさんし》を自称しているが、これは四六三年に宋が高句麗長寿王を車騎大将軍開府儀同三司に除正したことに範をえたものであった。しかし、冒頭に述べた武の宋との通交の顚末をみると、宋はその除正を認めておらず、倭国の希望はかなわなかったようである。

広開土王碑文以後の朝鮮半島の戦況は不明のところが多く、『三国史記』のこの時期の記載をみても、大々的な戦闘は描かれていない。ただ、四七二年百済王余慶《よけい》（蓋鹵王《がいろおう》）▲が中国北朝の北魏に呈した上表文には、「怨《うらみ》を構え、禍《わざわい》を連《つら》ぬること三十余載、財殫《つ》き、力竭《つ》き、転自孱踧《せんしゅく》す」（〔高句麗と〕怨みを構えて戦禍を重ねること三〇余年におよび、財力ともにつき、ますます弱り苦しんでいます）とあり（『魏書』百済国伝）、百済と高句麗が慢性的な戦争状態にあったことがうかがわれる。したがって倭国としては対高句麗戦への体制整備につとめる必要があり、その一助として宋との外交に活路を求めたのである。

ちなみに、倭国が百済の軍事権を執拗に求めたのは、こうした状況のなかで百済を統属下におこうとしたとも解せられる。しかし、将軍号は百済のほうがつねに上位であるから、たとえ宋が百済の軍事権委任を倭国に認めたとしても、百済が上位の将軍号によってむしろ倭王を引率し、百済自身の軍事権も確保しえるので、倭国の自称と除正要求は百済も支持していたとする見方も呈されている。

この点に関連して、四七九年の加羅国の南斉入貢と将軍号除正に留意したい。このときに加羅国王に都督諸軍事が授与されたかどうかは不明であるが、自国

▼**蓋鹵王**　毗有王の子。在位四五五～四七五年。『三国史記』には諱《いみな》を慶司《けいし》とし、中国史書で余慶という姓名を名乗っているのは、名の一文字をとったもの。

百済王配下の王・侯と府官

久尓辛王５年(景平２＝424)〔『宋書』百済伝〕
　長史張威
毗有王24年(元嘉27＝450)〔『宋書』百済伝〕
　臺使馮野夫→西河太守
蓋鹵王４年(大明２＝458)〔『宋書』百済伝〕
　行冠軍将軍右賢王余紀→冠軍将軍
　行征虜将軍左賢王余昆→征虜将軍
　行征虜将軍余暈→征虜将軍
　行輔国将軍余都→輔国将軍
　行輔国将軍余乂→輔国将軍
　行龍驤将軍沐衿→龍驤将軍
　行龍驤将軍余爵→龍驤将軍
　行寧朔将軍余流→寧朔将軍
　行寧朔将軍麋貴→寧朔将軍
　行建武将軍于西→建武将軍
　行建武将軍余婁→建武将軍
蓋鹵王18年(延興２＝472)〔『魏書』百済伝〕
　冠軍将軍駙馬都尉弗斯侯長史余礼
　龍驤将軍帯方太守司馬張茂
東城王12年(永明８＝490)〔『南斉書』百済伝〕
　寧朔将軍面中王姐瑾〔→〕行冠軍将軍都将軍都漢王→冠軍将軍都将軍
　建威将軍八中侯余古〔→〕行寧朔将軍阿錯王→寧朔将軍
　建威将軍余歴〔→〕行龍驤将軍邁盧王→龍驤将軍
　廣武将軍余固〔→〕行建威将軍弗斯侯→建威将軍
　行建威将軍廣陽太守兼長史高達→建威将軍廣陽太守
　行建威将軍朝鮮太守兼司馬楊茂→建威将軍朝鮮太守
　行宣威将軍兼参軍会邁→宣威将軍
東城王17年(建武２＝495)〔『南斉書』百済伝〕
　行征虜将軍邁羅王沙法名→征虜将軍
　行安国将軍辟中王贊首流→安国将軍
　行武威将軍弗中侯解礼昆→武威将軍
　行廣威将軍面中侯木干那→廣威将軍
　行龍驤将軍楽浪太守兼長史慕遺→龍驤将軍
　行建武将軍城陽太守兼司馬王茂→建武将軍
　兼参軍行振武将軍朝鮮太守張塞→振武将軍
　行揚武将軍陳明→揚武将軍

〔→〕・「行」は仮授，→は除正を示す。

宋の将軍号官品表

第一品	第二品	第三品	第四品	第五品
大将軍 諸位従公	特進 驃騎 車騎 衛 将軍 諸大将軍 諸持節都督	侍中 散騎常侍 四征 四鎮 中軍 鎮軍 撫軍 将軍 - - - - - 四安 四平 左・右 前・後 征虜 冠軍 輔国 竜驤 将軍 光禄大夫 領護軍 県侯	二衛 驍騎 遊撃 四軍 将軍 左 右 中郎将 五校尉 寧湖 五威 五武 将軍 四中郎将 刺史領兵者 戎蛮校尉 御史中丞 郷侯	散騎侍郎 謁者僕射 三将 積射 彊弩 将軍 鷹揚 折衝 軽車 揚烈 威遠 寧遠 虎威 材官 伏波 凌江 将軍 刺史不領兵者 郡国太守内史相 亭侯

森公章『東アジアの動乱と倭国』による。

倭・百済・高句麗王の将軍号変遷表

高句麗	百済	倭
413年(高璉)征東将軍	372年(余句)鎮東将軍	438年(珍)安東将軍
416年 ──→ 征東大将軍	386年(余暉)鎮東将軍	443年(済)安東将軍
463年 ──→ 車騎大将軍	416年(余映)鎮東将軍	451年 ─→ 安東大将軍
480年 ──→ 驃騎大将軍	420年 ──→ 鎮東大将軍	462年(興)安東将軍
494年(高雲)征東大将軍	457年(余慶)鎮東大将軍	478年(武)安東大将軍
502年 ──→ 車騎大将軍	480年(牟都)鎮東大将軍	479年 ─→ 鎮東大将軍
508年 ──→ 撫東大将軍	490年(牟太)鎮東大将軍	502年 ─→ 征東将軍
520年(高安)寧東将軍	502年 ──→ 征東大将軍	
526年(高延)撫東将軍	521年(余隆)寧東大将軍	
548年(高成)寧東将軍	524年(余明)綏東将軍	
562年(高湯)寧東将軍	562年 ──→ 撫東大将軍	

同上。

の王位承認は当然軍事権委任を意味するとすれば、新王朝成立にともなう慶賀的な進号ながら、倭国に対する将軍号授与と軍事権委任の範囲に含まれる加羅との関係が問題になろう。倭国の鎮東大将軍に対して、加羅国は輔国将軍であり、将軍号からいえば、後述のように、倭の五王がその臣下に除正を求めた将軍号と等しい低位の地位であった。とすると、中国南朝は一地域の軍事権を複数国▲にあたえたとしても、それは将軍号の上下関係によって解決可能と考えていたのだろうか。

　この問題については事例数が少なく、また厳密にいえば、四七九年の倭王の進号には都督諸軍事号の承認が含まれていたか否かは不明であり、明解な結論を呈することができないが、そのように考えるとしても、百済の軍事権をついに倭国にあたえなかったのは、やはり中国からみて、時に武力で中国をもおびやかす高句麗、中国王朝との通交を維持する百済、そして絶域の地にあってまれにしか入貢しない倭国という東アジア諸国の位置付けは不動のものであったことを強調しておきたい。

▼**一地域二軍権説**　中国南朝は同一地域の軍事・行政権を複数の外国王に認めることにやぶさかでなかったとする考え方。宋は「都督百済諸軍事」号を倭国王に認めることは制度上可能であったが、北朝の北魏封じ込め政策推進のため、百済を重視し、倭国にこの軍事号をあたえなかったと説明できるという。

②—記紀の伝承と倭の五王

記紀の皇統譜

中国の史書《ししょ》『宋書《そうじょ》』に登場する倭《わ》の五王《ごおう》は、讃《さん》と珍《ちん》が兄弟関係、珍と済《せい》の関係は不明だが、済の子が興《こう》で、興の弟が武《ぶ》という系譜になっており、五世紀代の倭国《わこく》では男子による世襲王権が存立していたことがわかる。では、倭の五王は倭国側の古伝承を集成した歴史書『古事記《こじき》』『日本書紀《にほんしょき》』に活躍する天皇とどのような関係にあるのだろうか(天皇号の成立は七世紀末の天武《てんむ》・持統《じとう》朝ごろと考えられるが、記紀《きき》の記述にふれる都合上、適宜天皇の語を使用する)。倭の五王の人物像を知るために、記紀の伝承を紹介してみたい。

『日本書紀』の紀年は初代神武《じんむ》天皇の即位を紀元前六六〇年とし、応神《おうじん》天皇の母で、「三韓《さんかん》征討」を行ったとされる神功皇后《じんぐうこうごう》▲を魏志倭人伝《ぎしわじんでん》の女王卑弥呼《ひみこ》・壹与《いよ》▲と同じ時代に比定したためか、神功皇后が活躍する年代を彼女たちが中国の魏や晋《しん》(西晋《せいしん》)と通交した年次を含む形で設定している。このため記紀の皇統譜《こうとうふ》には異常に治世年数の長い天皇がいたり、二代綏靖《すいぜい》天皇から九代開化《かいか》天皇までは、

▼**神功皇后**　記紀では仲哀天皇の皇后で、応神天皇の母とされる。和風諡号は気長足姫尊《おきながたらしひめのみこと》。仲哀没後、新羅を討伐し、百済・高句麗を帰服させたというが、伝説色が濃く、その実在性も疑われている。

▼**壹与**　台与《とよ》とも。魏志倭人伝にみえる倭国の女王。三世紀中葉に卑弥呼が死去したのち、男王が立ったが、国内が混乱したので、卑弥呼の同族の少女で一三歳の壹与が王位を継承したという。二六六年に西晋に遣使した。

倭の五王の系図

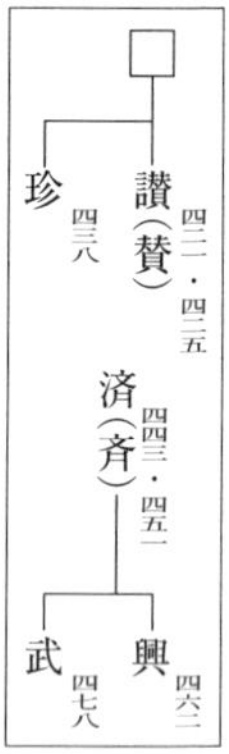

倭の五王の名前の右下の数字は宋に遣使した西暦年（森公章『東アジアの動乱と倭国』による）。

記紀の天皇系図と葛城氏の系譜

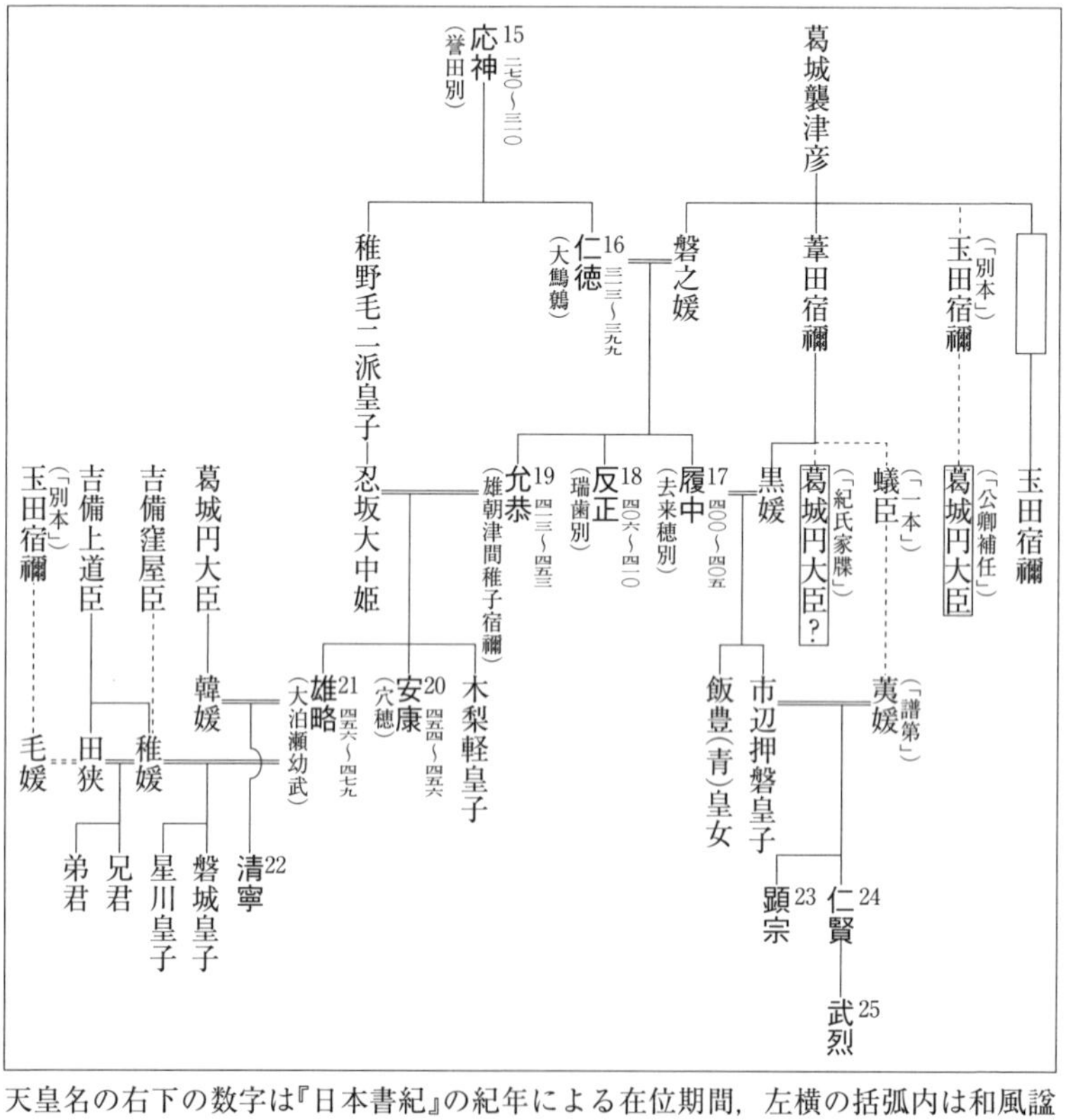

天皇名の右下の数字は『日本書紀』の紀年による在位期間，左横の括弧内は和風諡号を示す。系図の点線は『日本書紀』本文とは異なる系譜関係を示している（同上）。

先帝との続柄、天皇の名、皇居の名称、治世年数と后妃・皇子女名、そして天皇の享年・山陵の所在という「帝紀《ていき》」的な記載しかなく、治世の事績がほとんど記されない欠史八代《けっしはちだい》の天皇がおかれたりしており、必ずしもその系譜・実在を信頼しがたい場合も含まれているのである。

七二〇（養老《ようろう》四）年に完成した『日本書紀』は、六世紀ごろから存した「帝紀」「旧辞《きゅうじ》」▲を中心に、朝廷の諸記録、諸豪族《ごうぞく》の家記、地方の伝承、個人の手記・覚書、寺院の記録、そして中国の史書や百済《くだら》《ペクチェ》系史料▲などさまざまな素材をもとに編纂されたと考えられている。とくに四・五世紀の朝鮮諸国との関係については「百済記」「百済新撰」という百済系史料に依拠して叙述されており、上述の百済との関係の端緒や七支刀《しちしとう》の記事では、干支《かんし》二運、つまり一二〇年を加える（紀年を修正する、修正紀年）と、『日本書紀』の紀年と中国・朝鮮の史書や金石文《きんせきぶん》の年代が合致する場合が多いことが知られている。

たとえば広開土王《こうかいどおう》碑文三九九年条に百済が倭と「和通」したとあるのは、『三国史記《さんごくしき》』百済本紀阿莘王《あしんおう》六（三九七）年五月条に百済が太子腆支《てんし》を「質」として倭国に派遣したという記事を踏まえたものである。これに対応するのが『日本書

▼**「帝紀」「旧辞」**　帝紀は「帝皇日継《ひつぎ》」「皇祖等之騰極《とうぎょく》之次第」とも称され、天皇の名、続柄、宮、妃・子女名、年齢、墓などを記す。旧辞は「本辞《ほんじ》」「上古諸事」ともいい、天皇に関する物語の伝承や神話からなる。ともに六世紀前半の成立とされ、『古事記』『日本書紀』編纂の共通素材になった。

▼**百済系史料**　『日本書紀』に引用された百済三書のことで、六六三年百済滅亡後、倭国に亡命した百済人の編纂書か。「百済記」は四・五世紀、「百済新撰」は五世紀後半の一時期、「百済本記」が六世紀前半を叙述しており、対外関係記事では『日本書紀』編纂の重要な依拠史料の一つになった。

紀』応神紀八年三月条分註所引「百済記」の記載で、阿花王《あかおう》が王子直支《とき》を倭国に派遣したと記されている。応神八年は『日本書紀』の紀年では二七七年だが、一二〇年を加算すると三九七年になり、朝鮮側の文献史料・金石文の記述と合致することになる。

同様に上述の四一三年に倭国が東晋《とうしん》に入貢《にゅうこう》したかどうかに関連して、いずれも伝承的な内容であるが、『日本書紀』には次のような高句麗《こうくり》《コグリョ》との通交記事が存する。応神紀二十八（二九七＋一二〇→四一七?）年九月条には、高句麗の朝貢使《ちょうこうし》が上表文《じょうひょうぶん》をたてまつったが、そこには「高麗の王、日本国に教ふ」とあったので、百済から来朝した博士の王仁《わに》▲に学んだ太子菟道稚郎子《たいしうじのわきいらつこ》が早速に高句麗使を問責し、無礼な上表文を破却したとある。仁徳《にんとく》紀十二（三二四＋一二〇→四四四?）年八月己酉《きゆう》条には、高句麗使が鉄盾・鉄的を献上したところ、朝廷では的臣《いくはのおみ》▲の祖盾人宿禰《たてひとのすくね》に鉄的を射ぬくデモンストレーションを行わせ、高句麗使を畏怖させたと記されている。これらは五世紀の倭国の高句麗に対する外交意識をうかがわせるものであり、対抗心や敵愾心を読みとることができるので、上述の四一三年の高句麗との共同入貢を支持しがたいという見解を補強する材

▼王仁　百済より渡来し、書首《ふみのおびと》氏の祖になった人物。応神朝に到来し、『論語《ろんご》』一〇巻、『千字文《せんじぶん》』一巻をもたらし、太子菟道稚郎子の師になったという。

▼的臣　平城《へいじょう》・平安宮《へいあんきゅう》の宮城《きゅうじょう》一二門に的門（郁芳門《いくほうもん》）の名を残し、宮城警備を職務とする門号《もんごう》氏族。的の製作や的を射通す武芸、広くは軍事的な職掌に携わる的部の伴造《とものみやつこ》氏族で、的氏は畿内《きない》と近江《おうみ》・播磨に分布している。

料になろう。

一二〇年の加算ですべてが整合する訳ではないが、五世紀代の記紀の記述にも信憑性を認めるべき部分が存するのである。倭の五王との関係では、応神・仁徳・履中《りちゅう》・反正《はんぜい》・允恭《いんぎょう》・安康《あんこう》・雄略《ゆうりゃく》くらいが比定対象の天皇ということになる。倭の五王は「倭」という姓、名前も漢字一文字の中国風であり、記紀の天皇の在位年代と齟齬《そご》するところも多く、比定に確説がないが、最後の武は雄略天皇の和風諡号《しごう》である大長谷若建命《おおはつせのわかたけるのみこと》（『古事記』）・大泊瀬幼武尊《おおはつせのわかたけるのみこと》（『日本書紀』）の「タケル」をとったものである可能性が高い（雄略など漢字二文字の天皇名は八世紀後半に一括決定された漢風諡号▲であり、八世紀前半に成立した記紀には和風諡号のみが用いられているが、これは名称が長いので、以下でも便宜的に雄略天皇などと表示する）。「獲加多支鹵」（ワカタケル）の名は後掲の埼玉県行《ぎょう》田《だ》市稲《い》荷《なり》山《やま》古墳出土鉄剣銘などの金石文にもみえている。

倭《わ》王《おう》武＝ワカタケル＝雄略天皇と確定して、記紀の系図と倭の五王の系譜を比較すると、済は允恭天皇、興は安康天皇に比定できる。和風諡号のどの部分を漢字一文字に置換したかは問題が残るが、この三人の比定はまちがいない

▼和風諡号と漢風諡号　諡《おくりな》は死後に生前の功績をたたえて贈る名号。奈良時代から平安時代初頭の天皇は多く和風の諡を称したが、聖武《しょうむ》天皇以後は漢字二字の漢風の諡もふえた。聖武天皇以前の天皇の漢風諡号は奈良時代後半に淡《おう》海三船《みのみふね》が一括して追諡したもので、記紀の本文には和風諡号しか掲載されていない。

(ただし、この比定が有力説であるにしても、倭王興の遣使年次と記紀の安康・雄略の在位年代が合致しないという問題はなお残る)。讃・珍は記紀の天皇の在位年次と系譜関係を調整できず、応神〜反正のどの天皇に比定するかは確説がない。また『宋書』倭国伝では珍と済の関係が示されていないので、ここに王統の断絶、二つの王統の存在を想定する見解も存する。二つの王統云々はおくとして、この時期の記紀の伝承をみると、たしかに允恭天皇以降には倭王権の権力構成に大きな変化が看取され、それが雄略朝における国内体制の整備にもつながっていくことがわかる。その詳細は次章で述べたいが、本章ではその予察も含めて、記紀の伝承に描かれた倭の五王の横顔にふれることにしたい。

応神と仁徳

応神天皇は品陀和気命《ほんだわけのみこと》・誉田別尊《ほんだわけのみこと》、その子仁徳天皇は大雀命《おおさざきのみこと》・大鷦鷯尊《おおさざきのみこと》といい、倭王讃の音に近いのは仁徳のサザキのほうであるが、「讃」と「誉」の意通を説く見解もある。また『古事記』の歌謡には「品陀の日の御子大雀」▲の句があり、これは応神の子である仁徳とも解することができるが、「品陀の日の御

▼「品陀の日の御子大雀」の歌謡

応神記によると、吉野の国主たちが大雀命の佩刀《はいとう》をみて、「品陀の日の御子　大雀　大雀　佩せる大刀　本つるぎ　末ふゆ　冬木如す　からが下樹の　さやさや」とうたったとある。佩刀のつば元が鋭利で、切っ先が氷のように冴えていることを誉めた内容と考えられる。

子」である大雀と解釈する余地があり、そうすると、応神＝仁徳同一人説が浮上する訳である。

まず記紀の両天皇の事績には、大和《やまと》・河内《かわち》の池溝開発▲を行ったとする類似の記事が存する。これは両天皇が難波《なにわ》地域に宮殿を有し、河内の開発に従事したことを反映しているのかもしれないが、次の論点として相似する伝承が記紀のどちらか一方にしかみえない事例があることに留意したい。すなわち、応神紀には吉備《きび》の兄媛《えひめ》、仁徳記には吉備海部直《あまのあたい》の女《むすめ》黒日売《くろひめ》という吉備出身の女性を追いかけて、天皇が吉備に行幸《ぎょうこう》する話があり、共通するモチーフの話がどちらか一方にしかないのは、両天皇がもとは一体であったとする傍証になるのではないかと考えられる。同様に、枯野《かれの》という船の話▲も応神紀と仁徳記という具合に、うまく分配されている。

その他、応神記に醸酒人須須許理《さけをかむひとすすこり》が到来したとあるのは、『新撰姓氏録《しんせんしょうじろく》』右《う》京皇別下《きょうこうべつげ》・酒部公《さかべのきみ》条では仁徳朝に兄曽々保利《えそそほり》・弟曽々保利《おとそそほり》が「韓国《からくに》」から来朝したという話になっており、やはり同様の話が両朝に分けられている。仁徳紀四十年条に隼別皇子《はやぶさわけのみこ》追討▲に加わったと記されている播磨佐伯直《はりまのさえきのあたい》阿我能胡《あがのこ》が、

▼大和・河内の池溝開発　応神紀では韓人池《からひとのいけ》・剣池《つるぎのいけ》・鹿垣《かのかき》池《いけ》・厩坂池《うまやさかのいけ》、仁徳記紀には丸邇《わにの》(和珥)池《いけ》・依網池《よさみのいけ》を造営したことがみえる。仁徳天皇はまた難波の堀江をとおし、茨田堤《まんだのつつみ》や感玖大溝《こんくのおおみぞ》を造営したといい、大和・河内の直轄地を拡大している。

▼枯野の説話　応神紀には枯野という船を伊豆《いず》でつくり、のちに船材を薪として塩を焼き、残りの木で琴をつくった話がみえる。仁徳記では免寸河《うきがわ》(河内国か)の西の大樹を切って船をつくり、枯野と名付けた。のちに船が壊れたので、船材で塩を焼き、残った木で琴をつくったとある。

▼隼別皇子追討　仁徳紀四十年二月条によれば、天皇が雌鳥皇女《めとりのひめみこ》を妃にしようとし、異母兄弟の隼別皇子を媒《なかだち》としたが、皇子は密かにみずから娶って復命しなかった。これを知った天皇は二人を殺害させたという。

『播磨国風土記《ふどき》』▲神前《かんざき》郡多駝里《ただのさと》条では応神天皇に随従したとあるのも同じ事例である。

そして、日向《ひゅうが》の諸県君《もろかたのきみ》の女髪長媛《かみながひめ》をめぐる物語では、記紀ともに最初は応神がこれを召したが、その容姿端正に感じた仁徳が下賜を願い出て、これを認められたとされている。記紀のこれ以外の事例では、一人の女性を争う話▲では必ずどちらか一方が殺害されており、応神＝仁徳と考えると、髪長媛をめぐる争いが平和裡に解決した理由が納得できることになる。

以上の応神＝仁徳同一人説は定説とはいえないが、倭の五王の比定にもかかわる事柄なので、その要点を紹介した。両天皇ともにそれぞれに個性が強く、応神は、父仲哀《ちゅうあい》の死後、母神功皇后が臨月になりながら、腰に石をまいて出産を延ばし、「三韓征討」を果たしたのちに、筑紫《つくし》で誕生したという。また胎中にあるうちから神意によって天皇になることが定められていたので、「胎中《たいちゅう》天皇」とも称せられている。神功紀三年に立太子しながら、同六十九年に母皇后が死去したのちに七〇歳前後で即位、治世が四一年であったとする点はおくとして、その誕生とあいまって、応神には神話的色彩が濃い。

▼**『播磨国風土記』** 奈良時代の播磨国の地誌。一巻。播磨国司《こくし》により七一七（霊亀《れいき》三＝養老元）年以前に撰進された。完本は伝わらない。記紀にみられない伝承も多く掲載されている。

▼**記紀の女性をめぐる争い** 隼別皇子追討の話以外にも、景行《けいこう》天皇と大碓命《おおうすのみこと》、履中天皇と住吉仲皇子、顕宗《けんそう》天皇あるいは武烈《ぶれつ》天皇と平群志毘《しび》が一人の女性をめぐって争う話がある。いずれも天皇が対立者を殺害し、悲劇的な結末を迎えることになっている。

▼**秦氏** 応神朝に到来した弓月君を祖とする渡来系氏族。山背国葛野《かどの》郡・紀伊《きい》郡、近江国愛智《えち》郡などを一大拠点とし、諸国にある多数の秦部《はたべ》・秦人部《はたひとべ》を統率して在地に大きな富を築いた。

記紀に祖先の出自を記している氏族《しぞく》の多くは、応神朝およびそれ以前の時代に祖先があらわれたとしている。『古事記』は上・中・下三巻のうち、上・中巻に神話的部分が記述され、中巻末尾が応神、下巻冒頭が仁徳であるのは、応神が神代《しんだい》から人代《じんだい》への媒介に位置づけられていたことを示していよう。応神朝の出来事としては、神功皇后の「三韓征討」を受けてか、秦氏《はたうじ》▲の祖弓月君《ゆづき》、西文《かわちのふみ》氏《うじ》▲の祖王仁、東漢氏《やまとのあやうじ》▲の祖阿知使主《あちのおみ》・都加《つか》使主父子など、有力な渡来系《とらいけい》氏族の人びとが来朝したと伝えられることも注目される。

弓月君の到来に関しては、応神紀十四(二八三＋一二〇→四〇三?)年・十六年条に新羅《しらぎ》《シルラ》人に阻まれて「加羅《から》国」にとどまっている弓月の人夫一二〇県《こおり》を召すために葛城襲津彦《かずらきのそつひこ》を派遣したが、三年たっても帰還することができず、平群木菟《へぐりのつく》宿禰・的戸田《とだ》宿禰らの増援をえて、ようやく来朝できたと記されている。ここに登場する葛城襲津彦は神功紀でも活躍し、葛城氏の始祖となる人物である。葛城氏は大和盆地西部の馬見古墳群《うまみこふん》▲にうかがわれる一大勢力を擁し、当時の倭国の中枢部、倭王権を支える最有力の中央豪族であったと考えられる。最初の集団的な渡来人の到来は襲津彦が連れ帰った人びとで、桑原《くわはら》・佐糜《さび》・高宮《たかみや》・忍《おし》

▼**西文氏**　東漢氏に対して、西漢氏とも称された。応神朝に到来した王仁を祖とし、河内に居住した渡来系氏族。文《ふみ》(書《ふみ》)氏・蔵首《くらのおびと》氏や船《ふね》氏・津《つ》氏など多くの氏姓に分かれた。

▼**東漢氏**　倭漢氏とも書く。応神朝に到来した阿知使主を祖とする渡来系氏族。大和盆地南部を本拠に、多くの渡来系技術者や漢部を管理し、七世紀末までに坂上《さかのうえ》氏、書《ふみ》・民《たみ》氏など多くの氏姓に分かれた。

▼**馬見古墳群**　四世紀後半〜五世紀、大和盆地西部の馬見丘陵から巨勢谷《こせだに》・南葛城の地域に築造された古墳群。五世紀前後の室大墓《むろのおおばか》古墳(宮山《みややま》古墳)は全長二三八メートルの前方後円墳で、全国で第一八位、葛城襲津彦の墳墓に比定する説もあるが、未詳。全体を葛城氏の勢力圏とみる説に対して、馬見丘陵の古墳群は倭王権中枢部のものとする説もある。

海四邑《ぬみよつのむら》の漢人《あやひと》の始祖、つまりその初置地が葛城氏の勢力圏であったことに注目したい。葛城氏は海外交流と先進技術を独占し、倭王権のなかで重要な地位を築いたのである。

仁徳はその葛城襲津彦の女磐之媛《いわのひめ》を皇后とした。仁徳は異母弟の太子菟道稚郎子を殺して皇位を奪おうとした大山守皇子《おおやまもりのみこ》を誅殺▲したのち、太子菟道稚郎子と皇位を譲りあい、長幼の順を固守した太子の自殺によって即位したと伝えられている。この伝承は長幼の序を守り、賢者が即位すべしという儒教《じゅきょう》思想によって構想・潤色されたものとみられる。このように仁徳を仁君・聖帝とすることは、人民の窮乏を知り、三年間課税を免除して、みずから倹約して質素な宮殿《きゅうでん》に居住、宮室がくちると、人民は進んで労役に従いこれを造営したという話にもうかがわれる。

一方で、仁徳は上述の吉備の黒日売や日向の髪長媛のほかにも、宮人桑田玖《く》賀媛《がひめ》、異母妹の八田皇女《やたのひめみこ》など多くの女性を妻問《つまど》いし、皇后磐之媛の嫉妬を買ったという話も伝えられている。とくに菟道稚郎子に託された八田皇女との関係については、磐之媛が宮室をでて、山背《やましろ》の筒城《つつき》に居住し、そこで死去したのち

▼**大山守皇子と菟道稚郎子**　応神天皇は菟道稚郎子を太子とし、大山守皇子には山川林野をつかさどらせ、大鷦鷯尊(仁徳)に太子の輔《たすけ》として国事を執行する役割をあたえた。しかし、応神没後に大山守は太子を殺害して帝位につこうとしたので、大鷦鷯は太子を度子《どし》に扮装させ、菟道河を渡ろうとした大山守を河中で溺死させて、乱を未然に平定したという。

に、八田皇女を皇后にしたという。「夫婦喧嘩」も大規模で、けっして理想の夫、聖人とはいえない面もあったようである。

履中・反正と允恭・安康

履中天皇は伊邪本和気命《いざほわけのみこと》・去来穂別尊《いざほわけのみこと》、反正天皇は水歯別命《みずはわけのみこと》・瑞歯別尊《みずはわけのみこと》、允恭天皇は男浅津間若子《おあさづまわくご》宿禰命・雄朝津間稚子《おあさづまわくご》宿禰尊といい、いずれも仁徳と皇后磐之媛の所生子であった。反正＝瑞歯別の「瑞」が珍と同義とする説がある。允恭が倭王済の有力比定候補であることは上述のとおりである。履中は仁徳の死後に難波の宮殿にいたとき、同母弟の住吉仲皇子《すみのえのなかつみこ》の反乱が起きるが、平群木菟宿禰・物部大前《もののべのおおまえ》宿禰や東漢氏の祖阿知使主らに助けられて大和の石上神《いそのかみじん》宮《ぐう》▲にはいり、弟瑞歯別尊(反正)に仲皇子を討伐させ、磐余稚桜宮《いわれのわかざくらのみや》で即位したという。

履中紀四(四〇三?)年には諸国に国史《ふみひと》をおき、同六年には蔵職《くらのつかさ》を建てて蔵部《くらべ》を定めたとある。『古事記』でも阿知直(阿知使主)を蔵官《くらのつかさ》に任じ、粮地《ろうち》を支給したと記され、『古語拾遺《こごしゅうい》』▲には斎蔵《いみくら》のかたわらに内蔵《うちつくら》▲を立て、官物を分収し、

▼**石上神宮**　奈良県天理《てんり》市布留《ふる》町に所在。布都御魂剣《ふつのみたまのつるぎ》をまつる。垂仁《すいにん》紀に剣一〇〇〇口をおさめたとあるほか、武器に関する伝承が多く、倭王権の武器庫として、神宝を管理した。『延喜式《えんぎしき》』では名神大社《みょうじんたいしゃ》。

▼**『古語拾遺』**　忌部《いんべ》氏の古伝承を八〇七(大同《だいどう》二)年に斎部広成《いんべのひろなり》が撰述したもの。一巻。神話の部および宮廷祭祀の職掌をめぐって対立していた中臣《なかとみ》氏への遺恨を述べる部からなり、広成の愁訴状《しゅうそじょう》としての性格をもつものか。記紀にはない独自の伝承を伝えている。

▼**内蔵と三蔵**　三蔵とは神物をおさめた斎蔵と宮中の用に供する内蔵、朝廷全体にかかわる大蔵のこと。『古語拾遺』によると、履中朝に斎蔵から内蔵が分立、雄略朝には諸国貢調《こうちょう》が増加したので、大蔵を立て、蘇我麻智《そがまち》宿禰に三蔵を検校《けんぎょう》させ、秦氏が物品を出納し、東漢・西文氏が帳簿を管理した。

阿知使主と王仁にその出納を記録させ、蔵部を定めたと伝えられている。ここには渡来人を活用して宮廷組織を整備しようとしたようすが看取されるが、その詳細は後述することにしたい。

反正の事績は履中即位の物語中に描かれてしまったためか、記紀ともにほとんど記載がない。「瑞歯別」の名前の由来については、身長が九尺《しゃく》二寸《すん》半（一尺は約三〇センチ、一寸は約三センチ）で、歯の長さが一寸、広さが二分で、上下が等しく整っており、珠を連ねたように美しかったとか、あるいは歯が一骨のようで、容姿美麗であったなどの記述が存する。

允恭は元来病弱であったために即位をしぶったが、皇后となる稚野毛二派《わかぬけふたまたの》皇子《みこ》（応神の子）の女忍坂大中姫命《おしさかおおなかつひめのみこと》▲の説得により即位し、新羅から到来した医師の治療で健康を回復したという。氏姓の混乱を糺すために盟神探湯《くかたち》▲を行ったとあり、やはり宮廷組織の整備につとめたことが知られる。また履中は葛城氏の葦田《あしだ》宿禰の女黒媛を皇后にし、市辺押磐皇子《いちのべのおしはのみこ》などを儲けていたが、允恭は反正の殯宮《もがりのみや》を主祭していた葛城襲津彦の孫玉田《たまだ》宿禰の不備をせめて、これを誅殺した。この両者では倭王権最有力の豪族である葛城氏に対する処遇が変化し

▼忍坂大中姫命　允恭天皇の皇后。応神天皇の子稚野毛二派皇子の女。木梨軽皇子・安康天皇・雄略天皇など九人の子女を産んだ。かつて無礼を働いた闘鶏国造《つげのくにのみやつこ》の罪をせめ、姓を稲置《いなぎ》に貶《おと》したという。允恭紀七年条には雄略を出産したとき、允恭天皇が妹の衣通《そとおりの》郎姫《いらつめ》のもとにかよったので、おおいに嫉妬したとある。資養のために刑部《おさかべ》が設置された。

▼盟神探湯　古代に行われた神判。正否を決するため、神に誓ってから手を熱湯にいれ、手が無事であるか否かで判定する方法。

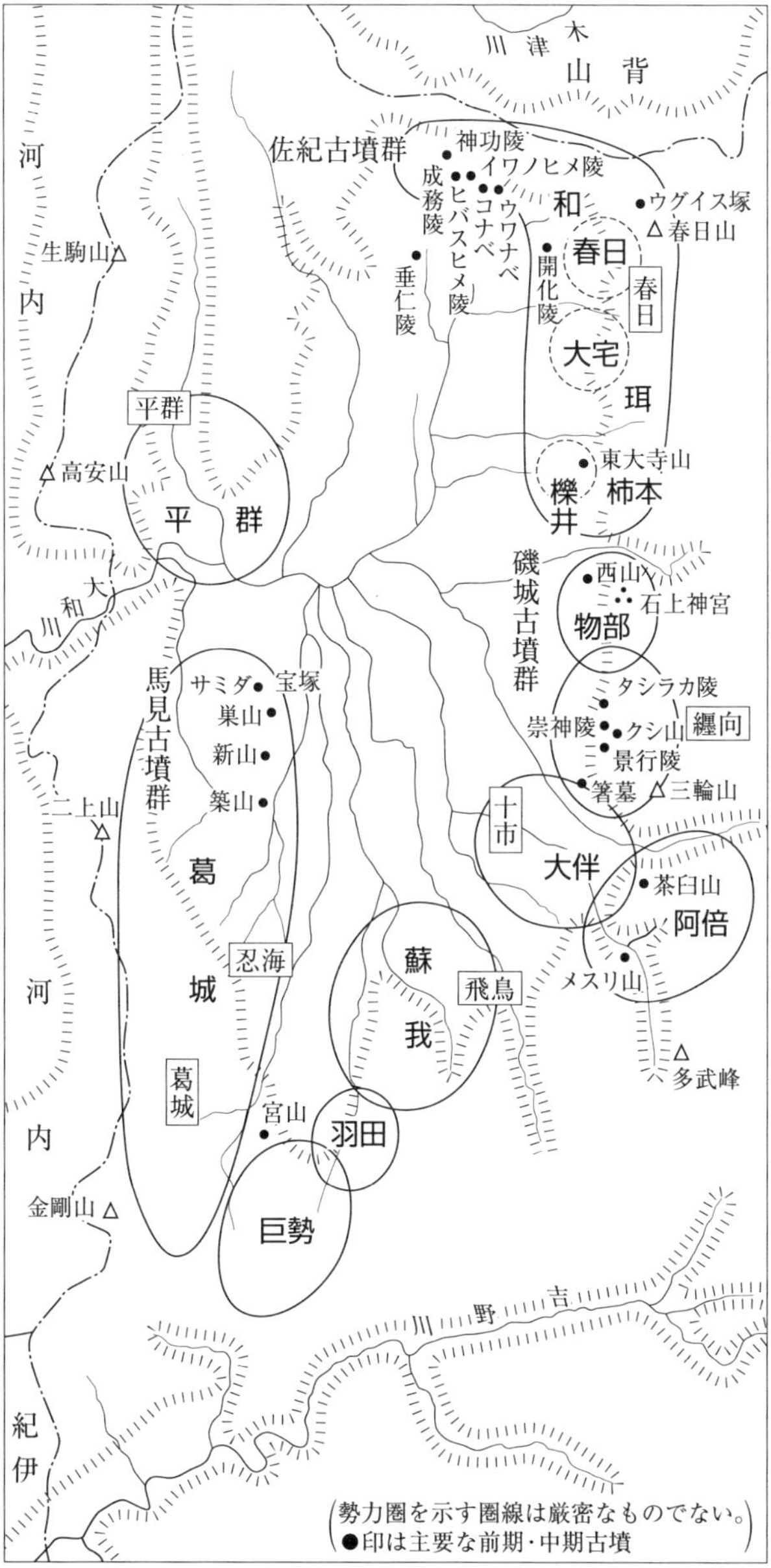

大和盆地における豪族分布図(森公章『東アジアの動乱と倭国』を修正)

ている。倭王済に比定される允恭以降と讃・珍の関係が『宋書』には記されておらず、二つの王統の存在が想定されるのは、あるいはこの葛城氏をめぐる対処の相違があったのかもしれない。この点は雄略天皇のところでもさらにふれたい。

允恭は皇后所生の長子木梨軽皇子《きなしかるのみこ》を皇太子としたが、皇子が同母妹の軽大《かるのおお》娘《いらつめ》皇女を相姦▲する事件が起き、人望を失ったので、同母弟の穴穂皇子《あなほのみこ》が木梨軽皇子を殺害し、安康天皇として即位した。安康は同母弟大泊瀬幼武皇子（雄略）のために大草香皇子《おおくさかのみこ》（仁徳と髪長媛の所生子）の妹幡梭皇女《はたひのひめみこ》を聘婚《へいこん》▲しようとしたが、不調になったので、大草香皇子を殺して、その妻中蒂《なかし》姫命《ひめのみこと》（履中の皇女）を皇后に迎えたという。しかし、連れ子として宮中で養育されていた中蒂姫命の子眉輪王《まよわのおおきみ》がこの出来事を知り、安康は眉輪王に殺されてしまう。倭の五王のうち、済＝允恭、興＝安康、武＝雄略とすれば、倭王武の上表文に父兄をあいついで失ったとあるのは、こうした事情を述べたものと理解することができる。

眉輪王は皇位継承をめぐって雄略と競合関係にあった葛城氏系の市辺押磐皇

▼同母妹との相姦　当時、同父異母の男女は結婚を許されていたが、同母の男女の結婚は許されず、処罰された。これを戒めるためか、記紀にも同母妹との婚姻が悲劇を招く話が掲載されている。

▼幡梭皇女聘婚の物語　安康天皇が坂本臣《さかもとのおみ》の祖根使主《ねのおみ》を使者に派遣したところ、兄大草香皇子は喜び、応諾の印《しるし》に押木珠縵《おしきのたまかづら》を託した。しかし、根使主はこの宝を着服し、偽って応諾がなかった旨を報告したので、大草香皇子は討伐されてしまう。雄略朝になってこの虚偽が発覚し、根使主は殺害され、その子孫の一部は大草香部にあてられたという。

子を頼ろうとしたのか、葛城円大臣《つぶらのおおみ》の宅に逃げ込んだ。雄略はそこを包囲し、円大臣と眉輪王らを焼き殺したといい、また葛城の五処の屯宅《みやけ》(葛城の五村の苑《その》人《ひと》)あるいは葛城宅七区をえて、円大臣の女韓媛《からひめ》を后妃にしたとも記されている。一説には安康は市辺押磐皇子に皇位を譲ろうとしていたといい、雄略はこの眉輪王の乱に乗じて、同母兄の境黒彦皇子《さかあいのくろひこのみこ》・八釣白彦皇子《やつりのしろひこのみこ》、そして市辺押磐皇子とその弟御馬皇子《みまのみこ》などを殺害し、王族内での自己の立場を強固なものにしたのであった。

雄略と葛城氏

こうした経緯によって即位したためか、雄略天皇には粗暴者のイメージが強い。事実、雄略紀二(四五八?)年七月条には百済から到来した池津媛《いけつひめ》が天皇のお召しに従わず、石川楯《いしかわのたて》という者と結婚してしまったので、大伴室屋《おおとものむろや》▲に命じて来目部《くめべ》▲を派遣して夫婦を磔刑《たっけい》にして焼き殺したと記されている。また同年十月条では吉野に行幸し、狩猟を行ったとき、天皇が料理人に獲物を調理させるのと、自分でつくるのとどちらが楽しいだろうかとたずねたところ、群臣が即

▼**大伴室屋**　五世紀後半から六世紀初めの豪族。父は武以《たけもつ》。允恭紀に衣通郎姫のため藤原部《ふじわらべ》を設定したこと、雄略紀に大連《おおむらじ》になり、雄略の遺詔《いしょう》によって後事を託されたことが記される。雄略没後に星川皇子の反乱を平定した。大伴氏で実在が確かな最初の人物である。

▼**来目部**　久米部とも表記。伴造の久米連に率いられ、大伴氏に隷属した軍事的な集団。記紀にみえる久米歌は久米部集団の戦勝の歌で、舞をつけたのが久米舞。大《だい》嘗祭《じょうさい》では大伴氏・佐伯氏が久米舞を舞った。

答できないでいると、天皇は激怒して、御者《ぎょしゃ》の大津馬飼《おおつのうまかい》という者を斬殺し、宮殿に戻ってしまったとある。

この話では母である忍坂大中姫命が倭采女《やまとのうねめ》▲日媛《ひのひめ》に酒を運ばせて、事情をたずねたところ、天皇は機嫌をなおして、宍人部《ししひとべ》（生鮮魚介・食肉を調理する役職）の設置を打診したつもりだったが、誰も返事をしなかったので、気分を害しただけです、と説明したという。ようやく事情が判明し、忍坂大中姫命がみずからの厨人《くりやひと》を宍人部とし、ついで大倭国造《やまとのくにのみやつこ》吾子籠《あごこ》宿禰▲をはじめとして群臣や地方豪族である国造らが宍人部をたてまつるという次第になった。

記紀には同様の逸話がいくつか掲載されており、天皇はみずからを是とし、他人に相談しない性格であったため、誤って人を殺すことが多く、「大悪天皇」であると評されている。また渡来系氏族東漢氏の一員で史部《ふみひと》（朝廷の書記官）の身狭村主青《むさのすぐりあお》と檜隈民使博徳《ひのくまのたみのつかいはかとこ》▲だけを寵愛したとも記されている。ところが、一方では「有徳天皇」だとする評言も存し、それにかかわる伝承は次のとおりである。

雄略紀四年二月条によると、天皇が葛城山で射猟をしたとき、奥深い谷の向

▼**采女**　後宮《こうきゅう》の女官の一つ。天皇に近侍し、主として食事のことに携わった。令《りょう》制以前では国造など地方豪族が服属の意を示すために貢進していたが、令制下では郡司の姉妹・娘を貢進することになっていた。

▼**大倭国造吾子籠宿禰**　倭直吾子籠とも。『日本書紀』によると、仁徳即位前紀で倭の屯田《みた》の帰属を証言したという。履中即位前紀では住吉仲皇子の乱に加担したが、途中で天皇に帰服し、采女を献上し贖罪を求めたとあり、允恭紀七年条では衣通郎姫を近江の坂田《さかた》から召したとき、一時吾子籠の家にとどめ、雄略紀二年条には宍人部を献上した記事がある。

▼**身狭と檜隈**　身狭は牟佐、檜隈は檜前とも表記し、大和国高市《たかいち》郡の地名。飛鳥《あすか》の西部および南部に位置し、東漢氏の根拠地である。

こう側に長人《たけたかきひと》が出現し、面貌容姿は天皇に相似していた。天皇はすぐに神だと気づいたが、まず相手に名をたずねたところ、私は神であるから、天皇が先に名乗るようにと告げられた。天皇が「幼武尊です」と答えたところ、長人《ひと》は一言主神《ことぬしのかみ》▲だと名乗ったという。二人は一緒に射猟を行い、一頭の鹿を追いかけて、たがいに矢を発するのを譲りあい、轡《くつわ》をならべて馬を馳せ、天皇は言詞《ことことば》恭《つつま》しやかであった。日が暮れて別れるとき、一言主神は天皇を見送り、来目川《くめのかわ》までいたったとあり、この神との交わりが「有徳天皇」と称される所以《ゆえん》である。

この話は葛城山の神が天皇に恭順したことになっており、それは上述の倭王権最有力の中央豪族葛城氏の屈服を反映するものと考えられる。ただし、『古事記』では天皇が葛城山にのぼったとき、天皇一行と同じ装束の一団があらわれたので、誰何《すいか》したところ、一言主神であることがわかり、天皇のほうが辞を低くして、官人たちの衣服を脱がせて、神に献上したと記されている。天皇が帰還するとき、神は長谷《はつせ》の山口まで見送ってくれたというが、葛城山中では天皇といえども葛城の神に屈服せねばならなかったこと、葛城氏の勢威がなお強力であったことを示すものとみることができる。

▼**一言主神**　延喜神名式《じんみょうしき》の大和国葛上《かずらきかみ》郡の葛木坐《かずらきにます》一言主神社に奉祀される神。吉事・凶事を一言で実現する神の意。『日本霊異《にほんりょうい》記《き》』には役君《えんのきみの》小角《おづの》が鬼神を駆使すること自在で、大和国の金峯山《きんぷせん》と葛木山とのあいだに橋をかけ渡させようとしたが、苦役にたえかねた一言主神が小角を讒言したとある。このために一言主神は呪縛され、今も解脱《げだつ》できないという。

▼高鴨神と土佐国　『釈日本紀《しゃくにほんぎ》』所引土佐国風土記逸文によると、延喜神名式の土佐郡の都佐坐《とさにます》神社(現在の一宮《いちのみや》である土佐神社)が高鴨神を奉祀している。同郡には葛木男神《かずらきのおのかみ》・葛木咩神《かずらきのめのかみ》、西部の幡多《はた》郡には賀茂《かも》神社もあり、土佐と葛木・賀茂の結びつきは強かった。高鴨神は高鴨阿治須岐高彦《あじすきたかひこ》根命《ねのみこと》で、一言主神とは別神である。

葛城の神に関する話は『続日本紀《しょくにほんぎ》』天平宝字《てんぴょうほうじ》八(七六四)年十一月庚子《こうし》条にも記されている。そこでは高鴨神《たかがものかみ》▲が老夫に姿を変え、天皇と獲物を争ったので、天皇は怒り、神を土佐国《とさのくに》に流したとあって、天皇と葛城の勢力の対立を示唆しているように思われる。また雄略紀五年二月条には、天皇が葛城山で狩猟を行ったとき、暴れ猪《しし》があらわれ、舎人《とねり》はおびえて木のうえにのぼって逃げたのに対して、天皇は猪を矢で射て、脚をあげて踏み殺したと記されている。『古事記』では、この話は天皇が葛城山の神の化身である猪を恐れて、木にのぼって逃げたという内容になっており、一言主神への対応と同様に、『日本書紀』と『古事記』は対照的な叙述を採択しているのである。

以上の葛城の地をめぐる伝承は、允恭朝から雄略朝にかけて進められてきた葛城氏の制圧が一朝一夕には完成しなかったことを反映するものといえよう。葛城の地における葛城氏の勢威は完全に駆逐された訳ではなく、葛城地域では天皇といえどもなお葛城氏の権威に一定の配慮が必要であったことを教えてくれる。ただし、かつての葛城襲津彦が有していたような勢威が復活することはなく、その意味では最大の中央有力豪族葛城氏は雄略＝倭王武の時代には昔日の勢いを失ってしまうのである。

雄略と吉備氏

雄略はまた吉備氏にも圧力を加えている。上述のように、応神・仁徳は吉備の豪族出身の女性と婚姻関係を結んでおり、倭王権の存立には地方豪族との関係も重要であった。吉備地域は倭王権成立の指標となる前方後円墳《ぜんぽうこうえんふん》の成立段階から葬送儀礼を共通にし、瀬戸内海《せとないかい》交通確保のうえでも倭王権が重視すべき存在であった。吉備氏は複数有力豪族の連合体で、盟主墓も時々に変動しているが、五世紀代には造山《つくりやま》《ぞうざん》古墳・作山《つくりやま》《さくざん》古墳▲(いずれも下道臣《しもつみちのおみ》▲の勢力範囲に所在)など巨大な前方後円墳を築造し、倭王権に匹敵する力を有していた。瀬戸内海交通を押さえるだけでなく、瀬戸内の塩、中国山地の鉄といった有用な資源をもつ点でも、倭王権のなかに占める位置は大きかったと考えられる。

雄略紀七年八月条によると、倭王権に出仕していた吉備弓削部虚空《ゆげべのおおぞら》という者が急用で吉備に戻ったとき、吉備下道臣前津屋《さきつや》が彼を留使して、帰任が遅れるという事態が起きている。王権側が使者を派遣して虚空を呼び戻したところ、

▼**造山古墳・作山古墳**　造山古墳は岡山市に所在。五世紀前半の前方後円墳で、全長三六〇メートルは全国で第四位。作山古墳は岡山県総社《そうじゃ》市に所在。五世紀中葉の前方後円墳で、全長二八六メートルは全国第九位、吉備では第二位。

▼**下道臣と上道臣**　のちの備《びっ》中《ちゅう》国下道郡を本拠とする下道臣と備前国上道郡を本拠とする上道臣は、吉備氏のなかでもとくに有力な氏族であった。下道臣からは吉備真備がでており、両氏ともに奈良時代以降も在地・中央で活躍している。

吉備地域の国造の系譜と勢力範囲(狩野久編『古代を考える　吉備』による)

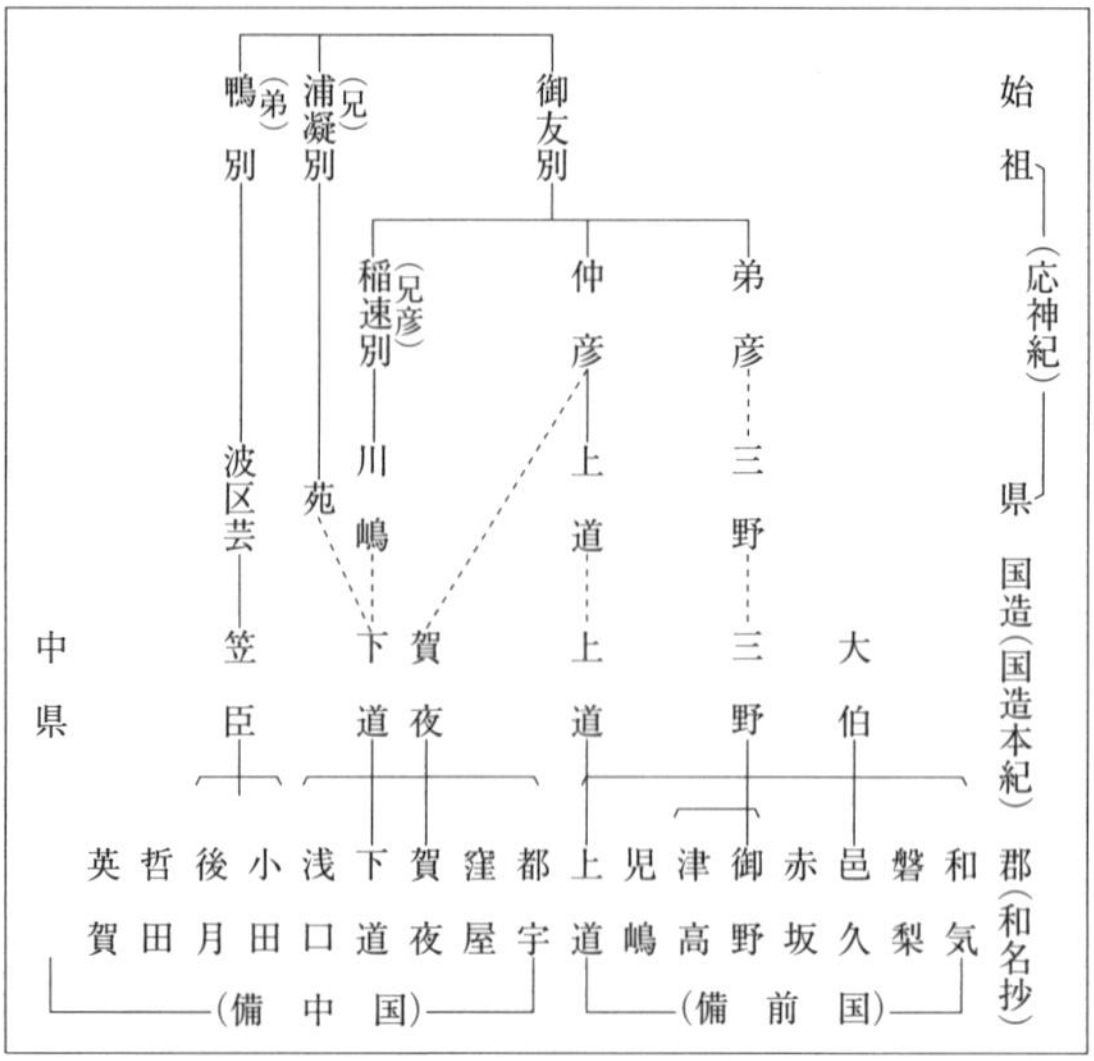

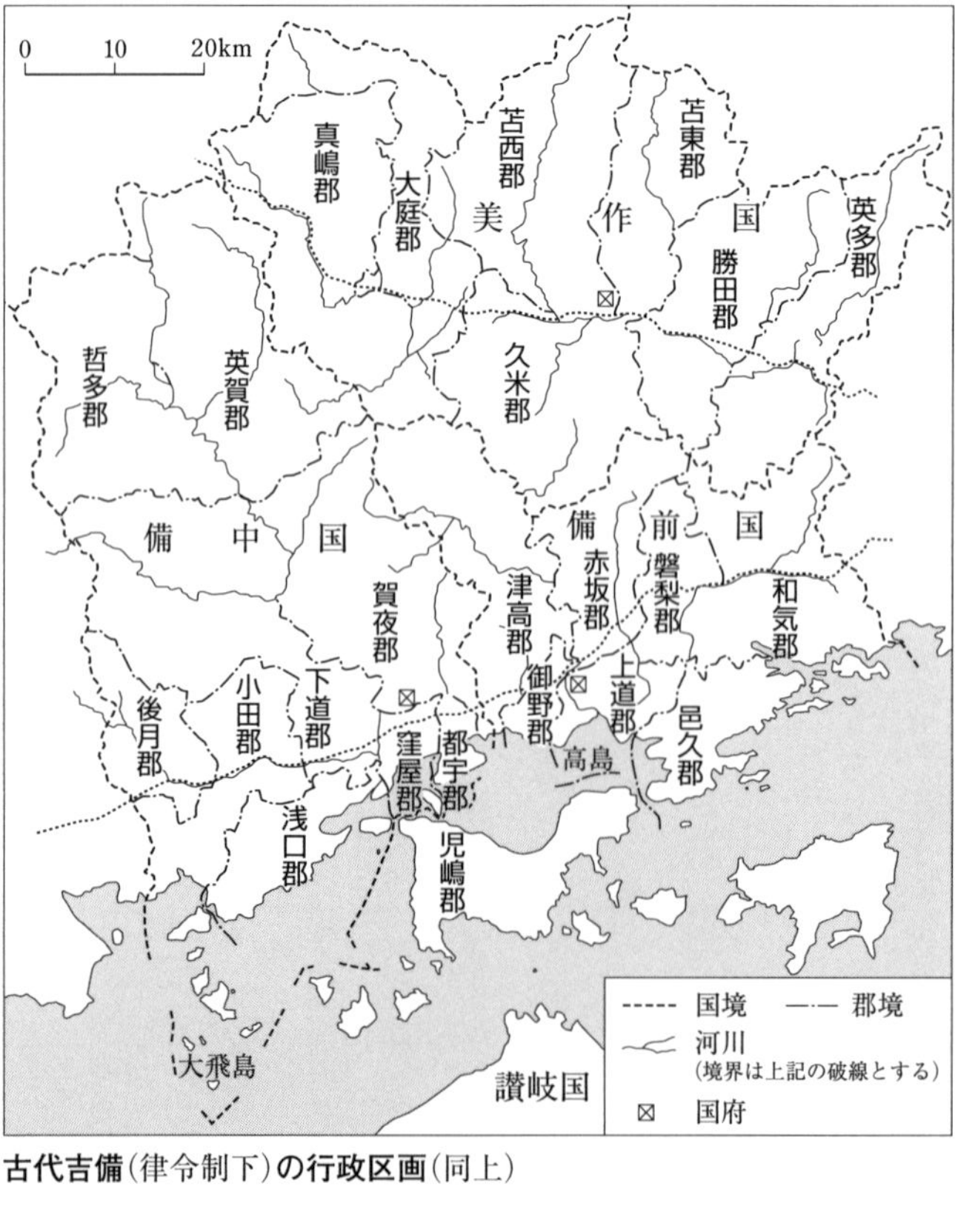

古代吉備(律令制下)の行政区画(同上)

虚空は前津屋が呪術《じゅじゅつ》的な方法▲で密かに天皇をしのぐ勢いを示している旨を告げたので、天皇は物部兵士三〇人を遣わして前津屋と一族七〇人を誅殺したという。この話は吉備氏配下の者で倭王権に出仕する者の存在、一方では吉備の地では吉備氏に従わねばならないという、二重身分的な存在として地域の有力者と倭王権の両方に奉仕する形態を教えてくれる。彼らを一元的に王権側に組み込むことが、地方豪族の弱体化、王権の強化を意味するのである。

同じ雄略紀七年是歳条には、倭王権に仕える吉備上道《かみつみち》臣田狭《たさ》が妻の稚媛《わかひめ》を同僚に自慢していたところ、それを聞いた雄略が田狭を「任那国司《くにのみこともち》」として朝鮮半島に赴かせ、その間に稚媛を奪取するという話がある。稚媛は一説に玉田宿禰の女と記されており、この話は葛城氏と吉備氏のあいだに婚姻同盟が存し、雄略の行為はそこへの介入を示すものとなる。雄略の死後、稚媛所生の星《ほし》川《かわ》皇子が王位簒奪をはかり、吉備上道臣も船師《ふないくさ》四〇艘を派遣するが、大伴室屋が星川皇子を殺害したので、吉備上道臣は途中から引き上げたという。王権側はその譴責として製鉄をつかさどる山部《やまべ》▲を取り上げたとあり(清寧《せいねい》即位前紀)、これもまた吉備氏の勢力削減につながった。

▼前津屋の呪術的行為　前津屋は小さな女を雄略に、大きな女を自分になぞらえて戦わせ、小さな女が勝つと、これを殺し、また毛をぬいた小さな鶏を雄略に、大きな鶏を自分に見立てて闘わせ、小さな鶏が勝つと殺すなどしており、これは倭王権を凌駕しようとする呪詛《じゅそ》であった。

▼山部　山林の産物を貢納した古代の部民。山部公《きみ》・直・首などの在地に居住した伴造を介して、中央の伴造山部連が統括した。山守部は山林を管理する部で、山部とは異なるといわれるが、両者の相違はあまりはっきりしない。

二重身分制の概念図（鈴木靖民編『日本の時代史2　倭国と東アジア』による）

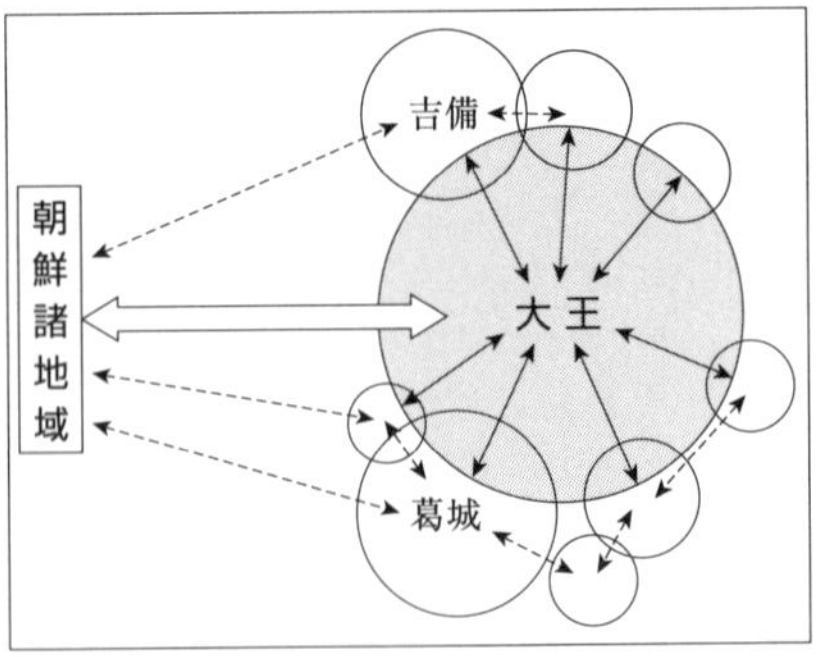

▼**筑紫聞物部**　のちの豊前《ぶぜん》国企《き》救《く》郡を本拠とした物部氏の支族。物部氏の地方伴造として、時に中央に上番して物部氏の軍事・警察的役割を支えた。奈良時代以降も企救郡の郡領氏族は物部氏で、当地に勢威を保持している。

なお、雄略紀十三年八月条には播磨国御井隈《みいくま》の人文石小麻呂《あやしのおまろ》という者が瀬戸内海航路を妨害し、人びとが迷惑をこうむっていたので、春日小野臣大樹《かすがのおののおみおおき》が兵士一〇〇人を率いてこれを殺害した話、同十八年八月戊申《ぼしん》条では伊勢朝日郎《いせのあさけのいらつこ》を物部目連《めのむらじ》と筑紫聞《きく》物部▲大斧手《おおおのて》の活躍で殺害した話などが記されており、その他の地方豪族にも圧力を加えていたようすが知られる。倭王武の上表文に述べられた国内平定のあり方は、武＝雄略自身の経綸も含まれた自信に満ちたものであったといえよう。

以上、倭の五王に比定される記紀の天皇の事績を紹介し、倭の五王の人物像を深化しようとした。記紀の伝承にかいまみられる宮廷組織の整備、葛城氏・吉備氏など中央・地方の有力豪族への掣肘、渡来人の登用などは、倭の五王の内政、また外交にどのように連関していたのであろうか。倭の五王の時代の国家組織の様相をさらに探究してみたい。

③——王権の成長と大王号の成立

府官制的秩序の導入

倭《わ》の五王《ごおう》と宋《そう》との通交のようすに戻ると、倭の五王はみずからの官爵除正《じょせい》を求めるとともに、四三八年には珍《ちん》が倭隋《わずい》ら一三人に対して平西《へいせい》・征虜《せいりょ》・冠軍《かんぐん》・輔国将軍号《ほこくしょうぐんごう》の除正を求める。四五一年には済《せい》が二三人の将軍号・郡太守号《ぐんたいしゅごう》除正を要求するなど、配下の人びとへの官爵授与を取り次いでいる。これらの除正を宋に認めてもらうことは、倭王の国内支配安定ともかかわっていたのであり、宋からの将軍号授与は倭国《わこく》の国内政治運営に意義のあるものであった。

「幕府《ばくふ》」の原義は出征中の将軍の幕営をさし、倭の五王は叙爵された将軍号に依拠して、配下の者を下位の将軍号を有する地位に任命することによって、上下関係を明確化、倭国の支配組織確立を企図したのであり、こうした支配体系を府官《ふかん》制的秩序▲と呼んでいる。宋の将軍表によると、倭王珍がえた安東《あんとう》将軍号は倭隋らの将軍号と同じ第三品《ぴん》ではあるが、上位の将軍号であり、倭王が彼らを統制する地位にあることを明示する構造になっている。

▼**府官制的秩序**　王が中国王朝から将軍号ならびに国王号を授与されたのにともない、臣僚が中国にならって官爵を王から仮授・仮《か》行《こう》され、除正の推薦を受けることによって、その権力内部の政治的秩序のなかに位置づけられるというシステムで、国内統治の政治組織整備の端緒となった。

ただし、倭隋の平西将軍（四平将軍の一つ）と珍の安東将軍（四安将軍の一つ）はわずかに一階の差であり、そこに当時の倭国の王権の性格を読みとることができる。なお、倭王の安東将軍、高句麗《こうくり》《コグリョ》王の征東《せいとう》大将軍、百済《くだら》《ペクチェ》王の鎮東将軍などは、中国からみて東に存する朝鮮諸国や倭国に東方の安寧維持を託したものであり、宋を起点とする「東」の方位を示しているが、倭隋が授与された平西将軍は西方の平定を託された称号で、こちらは倭王の所在地を起点とした呼称となる。

　四七八年の倭王武の上表文《じょうひょうぶん》には、「昔より祖禰《そでい》、躬《みずか》ら甲冑《かっちゅう》を擐《つらぬ》き、山川《さんせん》を跋《ばっ》渉《しょう》し、寧処《ねいしょ》に遑《いとま》あらず。東は毛人《もうじん》を征すること五十五国、西は衆夷《しゅうい》を服すること六十六国」と、国内統一に尽力するようすが描かれており、倭隋には西方の平定が期待されたのである。武の上表文は「渡りて海北《かいほく》▲を平《たいら》ぐること九十五国」と続くが、これも倭王からみた特定の「海北」のことで、『日本書紀《にほんしょき》』神代《じんだい》紀に宗像《むなかた》三神が鎮座する沖《おき》ノ島《しま》▲を「海北の道の中」、欽明《きんめい》紀十五（五五四）年十二月条に加耶《かや》諸国のことを「海北の弥移居《みやけ》」と記している事例から考えて、朝鮮半島を示す表現と解される。

▼**海北**　「海北」が朝鮮半島をさすのは六世紀中葉までの概念で、七世紀には朝鮮半島を「西」「西《せい》蕃《ばん》」とする意識が成立する。

▼**沖ノ島**　福岡県宗像《むなかた》市の沖ノ島は周囲約四・五キロで、玄界灘《げんかいなだ》の孤島である。ここには宗像大社《たいしゃ》の沖津宮《おきつのみや》があり、巨岩上やその周辺から四〜十世紀の各種の祭具が多数出土する沖ノ島祭祀《さいし》跡が所在する。中国・朝鮮半島に渡海する際の斎場となっていた。

こうした府官の名称は同じく将軍号を授与された高句麗▲・百済にもみられる。中国王朝との通交や官爵授与の歴史からいえば、むしろ高句麗・百済のほうが先行しており、倭国ではそれを手本にして国内秩序の整備に着手したと考えるほうがよいだろう。百済の府官制的秩序が史料にあらわれるのは五世紀中葉以降であり、年代的には倭国と差がない。しかし、上述のような通交の歴史の差、また百済からの先進文物の供与が倭国に多大な影響をおよぼしていることを考慮すると、百済の様相を参照せねばならないであろう。

『隋書《ずいしょ》』百済伝には、大姓《たいせい》八族として沙《さ》氏・燕《えん》氏・劦《らい》氏・解《かい》氏・貞《てい》(真《しん》か)氏・国《こく》氏・木《もく》氏・苩《はく》氏があげられているが、百済王のもとで長史《ちょうし》・司馬《しば》・参軍《さんぐん》などとして登場する人びとには中国系の姓氏を称する者が多く、五世紀に有力であった真・解氏をはじめとする百済の有力貴族の姓氏をもつ人物はみえない。『隋書』百済伝にはまた、「其の人雑《まじ》りて新羅・高麗《こま》(高句麗)・倭等あり。また中国の人あり」との記述があり、これは七世紀前後の状況を示すが、百済宮廷の複雑な構成を推察させる。百済は高句麗の軍事力に対して、中国王朝との通交、倭国との提携、そして文化の力で対抗しようと企図し、楽浪《らくろう》・帯方《たいほう》系の遺民、

▼高句麗の府官制　安岳《あんがく》三号墳出土の三五七年の墨書《ぼくしょ》墓誌銘には冬寿《とうじゅ》という遼東《りょうとう》出身の中国人が高句麗に亡命し、故国原王《ここくげんおう》のもとで「使持節都督諸軍事平東《へいとう》将軍護撫《ごぶ》夷校尉《いこうい》楽浪相《らくろうしょう》」を名乗っている。また四〇八年の徳興里《とっこうり》古墳墨書銘では、某鎮が「建威《けんい》将軍 国小大《くにのしょうだい》兄《けい》左《さ》将軍 龍驤《りゅうじょう》将軍 遼東《りょうとう》大守使持節東夷校尉《とういこうい》幽州刺史《ゆうしゅうしし》」を称した事例が知られる。

あるいは新来の中国人を起用して、王の権力強化につとめたのである。

百済の府官のなかには余《よ》姓の者もみえており、百済では王族をも属僚に取り込む形で、王権の強化がはかられていた。後述のように、五世紀後半・末になると、百済は高句麗の攻勢により滅亡の危機を迎え、首都を南遷、朝鮮半島西南部への支配浸透により国勢を再興しようとする。この時期には地名＋王・侯《こう》の称号を有する者として王族や大姓の有力貴族の名前が登場し、彼らに地方支配を委任して国内統制の強化につとめたのだと考えることができよう。その意味では府官制的秩序による国家機構の構築は重要な役割を果たした。

倭国の場合、上述のように、安東将軍倭国王珍と平西将軍倭隋には明確な上下関係があったが、その差は一階でしかないともいえる。また倭隋は倭王と同じ「倭」姓を名乗っており、葛城《かずらき》氏のような中央有力豪族《ごうぞく》、あるいは吉備《きび》氏のような地方豪族を想定する説があるが、百済王配下の王・侯と同様、王と同族、同程度の者が王権を輔佐する構造であったと推定される。そこで、この倭国の府官制の実態や五世紀の国内体制整備のようすをさらに探ってみたいと思う。

金石文にみる地方豪族との関係

さきに記紀《きき》の伝承を紹介した際に、倭王武《ぶ》たる雄略《ゆうりゃく》天皇の時代には葛城氏や吉備氏など中央・地方の有力豪族に対する掣肘《せいちゅう》が進められたことをみた。中央豪族に関しては葛城氏の動向が重要であるが、地方豪族との関係については記紀以外にも考察材料が存するので、それらを検討してみよう。

(1)千葉県市原《いちはら》市稲荷台《いなりだい》一号墳▲出土鉄剣銘

(表)　王賜□□敬〔安カ〕□

(裏)　此廷□□□□

(2)埼玉県行田《ぎょうだ》市稲荷山古墳《こふん》▲出土鉄剣銘（＝＝は、行が続いている意。以下同）

(表)　辛亥年七月中記乎獲居臣〔巨〕上祖名意冨比垝其児〔名脱カ〕多加利足尼其児名弖＝
＝巳加利獲居其児名多加披次獲居其児名多沙鬼獲居其児名半弖比

(裏)　其児名加差披余其児名乎獲居臣〔巨〕世々為杖刀人首奉事来至今獲加多＝
＝支鹵大王寺在斯鬼宮時吾左治天下令作此百練利刀記吾奉事根原也

(3)熊本県玉名《たまな》郡和水《なごみ》町江田船山《えたふなやま》古墳▲出土大刀《たち》銘

台〔治〕天下獲□□□鹵大王世奉事典曹人名无〔利カ〕□弖八月中用大鐵釜并四尺廷刀＝

▼**稲荷台一号墳**　千葉県市原市に所在。五世紀後半の円墳《えんぷん》で、直径約二八メートル。古墳は一九七六(昭和五十一)年に発掘。一九八七年にX線調査により鉄剣銘の存在がわかった。

▼**行田市稲荷山古墳**　八基の前《ぜん》方後円墳《ぽうこうえんふん》が集中する埼玉《さきたま》古墳群のうち、最古の古墳と考えられる全長一二〇メートルの前方後円墳。五世紀末、あるいは六世紀前半のものとされる。一九七八(昭和五十三)年になって出土鉄剣の金象嵌銘の存在が判明した。

▼**江田船山古墳**　熊本県和水町にある前方後円墳。全長六一メートル。一八七三(明治六)年後円部の横口式家形石棺《いえがたせっかん》から金銅製の冠帽・沓《くつ》・耳飾りや鏡・武器・武具・馬具・玉類・須恵器などが出土した。そのなかに銀象嵌銘をもつ長さ約八五センチの鉄刀があった。

＝八十練□〔九カ〕十振三寸上好□〔刊カ〕刀服此刀者長壽子孫洋々得□恩也不失其所統＝

＝作刀者名伊太□〔和カ〕書者張安也

(1)・(2)は関東地方、(3)は九州の古墳から出土したもので、倭王権の東・西への広がりを裏づける材料になる。(1)の「王賜《おうし》」銘鉄剣は五世紀中葉のものと考えられ、表は王がこの剣を下賜するので、敬んで支配領域の安寧《あんねい》を保つように命じる内容、裏はこの廷刀（剣）を所持する者には幸いが訪れる旨の吉祥句《きっしょうく》▲をきざんでいるのではないかと推定される。表面の「王賜」は裏面より二文字分あげられた字配りで、抬頭《たいとう》▲という方式がとられている。「王」は王と記すだけでわかる人物であるから、倭王権の王と解され、倭王済＝允恭《いんぎょう》に比定するのが有力説であろう。

(2)の「辛亥《しんがい》年」は四七一年とみるのがよい（五三一年とする説もある）。「辛亥の年七月中記す。乎獲居《おわけ》の臣《しん》（あるいは乎獲居巨《おわけこ》）」で始まり、上祖オホヒコ（記紀で崇神《すじん》朝に活躍する阿倍《あべ》氏などの祖大彦命《おおひこのみこと》か）からヲワケ（ヲワケコ）にいたる系譜を示したうえで、「世々、杖刀人《じょうとうじん》の首《おびと》と為り、奉事し来りて今の獲加多支鹵大王《わかたけるだいおう》に至る。侍りて（寺＝朝廷の意と解する説もある）、斯鬼宮《しきのみや》に在る時、吾、天下を

▼**吉祥句**　刀剣や鏡などにきざむ、めでたい語句。除災・戦勝・長寿・子孫繁栄などの字句が選ばれた。

▼**抬頭**　貴人に関する語に敬意をあらわして改行し、他の行より上に書くこと。「王賜」の文字は象嵌が他の文字に比べてやや太く観察されることとあいまって、「王賜」を強調したものと考えられる。

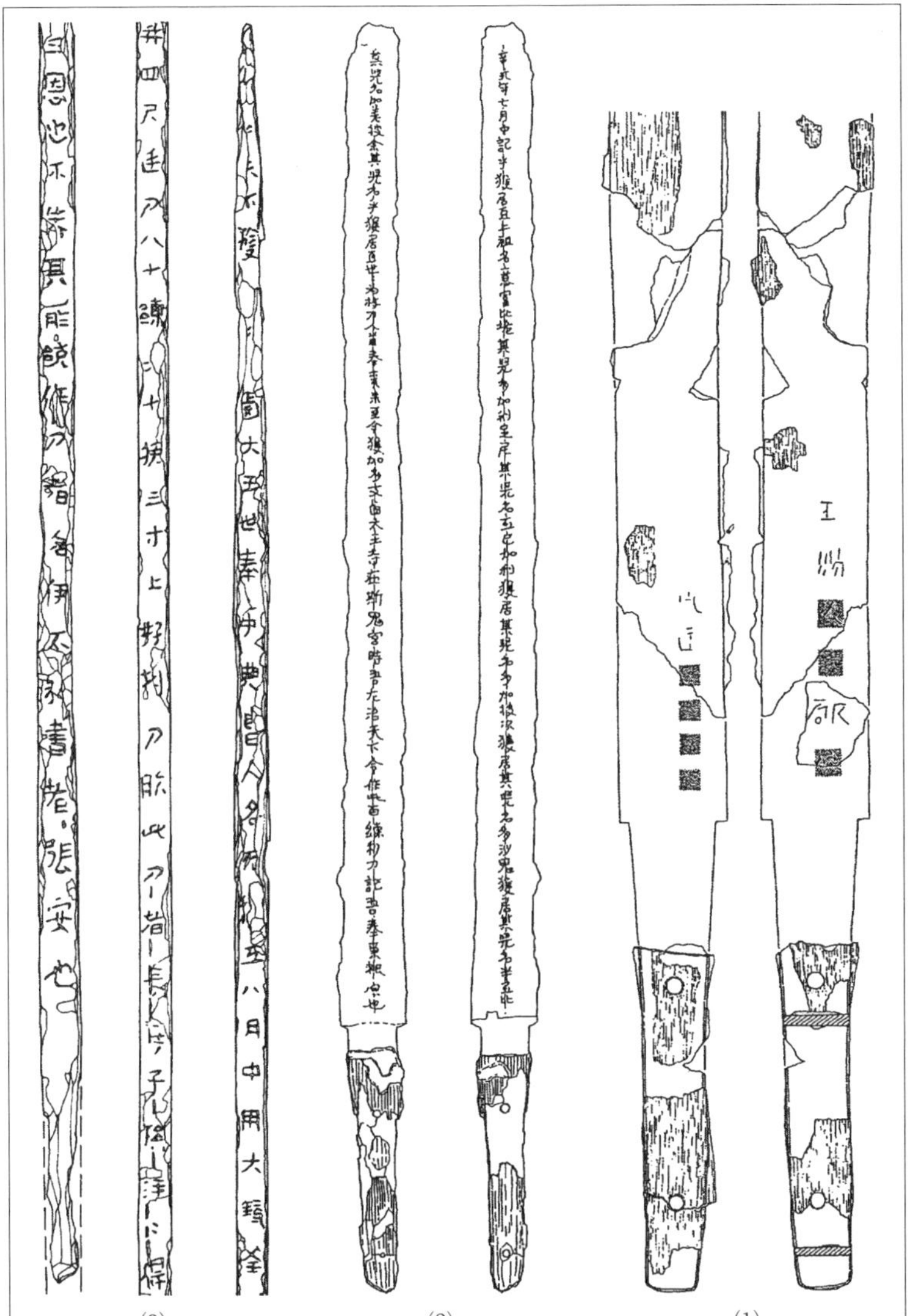

(3)　(2)　(1)

金石文の見取図　⑴稲荷台１号墳出土鉄剣銘，⑵稲荷山古墳出土鉄剣銘，⑶江田船山古墳出土大刀銘（森公章『東アジアの動乱と倭国』による）。

左治《さじ》し、此の百練の利刀を作さしめ、吾が奉事の根原を記す也」とある。

ここに登場するワカタケル大王は、記紀の雄略天皇の名前大泊瀬幼武《おおはつせわかたける》と合致している。上述のように、倭王武はそのうちの一文字を用いた名称と理解されるので、倭王武＝雄略天皇＝ワカタケル大王となる。そして、ワカタケルを「獲加多支鹵」と表記したことがわかったので、従来反正《はんぜい》天皇に比定され、「復□□□歯大王」（復＝丹比《たじひ》の柴籬宮《しばがきのみや》の瑞歯別尊《みずはわけのみこと》）などと釈読されていた(3)も、「天の下治《し》らしめしし獲□□□鹵（ワカタケル）大王の世、典曹《てんそう》に奉事せし人、名は无利弖《むりて》、八月中、大鐵釜を用い、四尺《しゃく》の廷刀《ていとう》を幷《あ》わす」と判読できるようになった。

(1)・(3)は銀象嵌《ぎんぞうがん》、(2)は金象嵌《きんぞうがん》で、いずれも倭王権の朝廷で製作されたものと思われる。(2)のヲワケ（ヲワケコ）については、これを古墳被葬者、つまり関東地方の豪族とみる説と、オホヒコにつながる系譜を称するので、中央豪族で、被葬者に刀をあたえた者とみる説があり、さらに中央豪族であった者が関東地方に下向した（つまり被葬者と同一人物）とする説も呈されている。いずれにしても杖刀人首、あるいは杖刀人首—杖刀人（刀を杖つく武官）の関係で、関東地方の豪族が宮廷に仕えていた（こうした出仕形態を記紀では伴《とも》と称している）ことはまちがいない。そして、九州の豪族ないしはその奉仕対象の典曹人（役所に勤務する人、文官か）ムリテもおり、ワカタケル大王の世は各地の豪族をトモとして倭王権に奉仕させる体制が出現した時代であったと考えられる。

宮廷組織の整備

その具体相を記紀その他の文献史料に探ってみたい。『日本書紀』によると、雄略は死去に際して大伴連室屋《おおとものむらじむろや》と東漢直掬《やまとのあやのあたいつか》の二人に対して、「民部《かき》広大」な中央有力豪族と「仁孝著聞」な王位継承者の「共治天下」の形ができているので思い残すことはないと遺詔《いしょう》している（雄略紀二十三〈四七九〉年八月丙子条）。大伴室屋は連《むらじ》▲の姓《かばね》が示すように、臣《おみ》▲の姓を有する葛城氏など倭王権に匹敵する畿内《きない》の有力豪族ではなく、元来倭王家の宮廷組織を分掌した家宰《かさい》的豪族の出身者である。上述の雄略朝における中央・地方の有力豪族に対する抑圧では、大伴氏や物部《もののべ》氏の者が活躍しており、彼らが家宰的豪族の中心として宮廷組織の整備、王権の強化を推進するのであった。

▼**連**　姓の一つ。大伴・忌部《いんべ》氏ら、伴造として職業部を率いて王権に仕える氏族《しぞく》にあたえられた姓。六八四年八色《やくさ》の姓では第七位の姓で、以前の連姓の有力な氏は第三位の宿禰《すくね》を賜姓された。

▼**臣**　姓の一つ。葛城・平群・蘇我氏ら、地名を氏名《うじな》とした氏族にあたえられた姓。六八四年八色の姓では第六位の姓で、それ以前の臣姓の有力な氏は第二位の朝臣《あそみ》を賜姓された。

「民部」とは、朝廷の職務を分担する諸豪族が地方各地に「己民《おのがたみ》」を領有して、王権に従属・奉仕する部民《べみん》制の中心的構成要素である。ただし、部称の確実な初見は六世紀中葉ごろとされる島根県松江《まつえ》市岡田山《おかだやま》一号墳▲出土鉄刀銘の「各田ア臣」(額田部臣《ぬかたべのおみ》)であり、これは欽明天皇の子女でのちに推古《すいこ》天皇として即位する人物の幼名額田部皇女にかかわるもので、額田宮▲の経営に参画する地方豪族の存在形態を示している。部称を有する皇子女は欽明の子の世代から出現すること、部民制の手本となった百済の二十二部司《ぶし》制▲が成立するのが六世紀前半と考えられることなどから、倭国の部民制という仕組みは六世紀中葉ごろに確立するものと思われる。

したがって五世紀の倭の五王の時代に存したのは、杖刀人・典曹人などの名称に看取されるように、「〇〇人」という職名で朝廷の職務分担を行う人制《ひとせい》であったといわねばならない。上述の記紀の伝承にも、雄略紀二年十月条で宍人部《ししひとべ》を設置したとあり、これは宍人の存在を示すものと解され、そのほかに酒人《さかひと》・倉人《くらひと》・舎人《とねり》・手人《てひと》など各種の「某人《ぼうひと》」の存在が知られる。この人制が、部民制につながる朝廷機構整備の第一歩となるのである。

▼岡田山一号墳　島根県松江市にある六世紀後半の前方後円墳。全長四七メートル。後円部の横穴《よこあな》式石室《しきせきしつ》の副葬品《ふくそうひん》のなかに銀象嵌銘をもつ円頭大刀があった。現在、島根県風土記の丘の一画にあり、石室内部をみることができる。

▼額田宮　奈良県大和郡山《やまとこおりやま》市に所在する額田部連氏の氏寺額田《うじでらぬかた》寺《でら》(額安寺《がくあんじ》)付近に存したと考えられる推古天皇の宮室。推古天皇は幼名を額田部皇女といい、額田宮に居住し、額田部連氏に資養されたと推定される。

▼二十二部司制　百済の中央官制。『周書《しゅうしょ》』百済伝に初出し、内官《ないかん》に前内部・穀部・肉部・内掠部・外掠部・馬部・刀部・功徳部・薬部・木部・法部・後宮部、外官《げかん》に司軍部・司徒部・司空部・司寇部・點部・客部・外舎部・綢部・日官部・都市部があった。

雄略紀十・十一年条には、身狭村主青《むさのすぐりあお》が「呉《くれ》▲」(中国の長江《ちょうこう》《チャンジャン》流域江南地方をさす概念で、中国南朝との通交を示すか)から将来した鵞鳥《おおかり》二隻が筑紫《つくし》に到着したとき、水間君《みぬま》▲の犬がこれを嚙み殺してしまったので、水間君は鴻《おおとり》一〇隻と養鳥人《とりかい》を献上して、贖罪を求めたとある。これによって朝廷に鳥官《とりのつかさ》が設置されたが、今度は菟田人《うだのひと》の犬が鳥官の鳥を嚙み殺したので、菟田人を黥面《げいめん》して鳥養部《とりかいべ》とし、またこの措置を非難した信濃《しなの》と武蔵《むさし》の人も鳥養部にしたという。これは養鳥人(養鳥人首)が鳥官で各地の人びとによって構成される鳥養部(養鳥人)を指揮する体制が成立したことを物語るものである。

その他、上述の伊勢朝日郎《いせのあさけのいらつこ》討伐では、物部連目《むらじめ》が九州出身の筑紫聞《きく》物部大斧手《おおおのて》を率いていたと記されている。中央豪族の氏姓の由来をまとめた『新撰《しんせん》姓氏録《しょうじろく》』には、大伴氏が入部靫負《いるとものおゆげい》▲を率いて宮門開閉にあたるようになったのは雄略朝のこととされ、上述の石川楯《いしかわのたて》夫婦殺害では大伴室屋は来目部《くめ》を引率して任務を遂行していた。『新撰姓氏録』にはまた、いずれも雄略朝の出来事として、車持公《くるまもちのきみ》が乗輿を供進する、掃守首《かにもり》が掃除を監する、巫部連《かんなぎ》が巫《かんなぎ》を率いる、爪工《はたくみ》連が御座の装飾品である紫の蓋《きぬがさ》・爪《は》をつくるなどの「奉事根源《ほうじこんげん》」があげ

▼呉　中国江南の地をさす。三国時代の呉《ご》の名称に由来するが、日本列島からみて太陽が没する、つまり日が暮れる方角にあるので、クレと称されたと考えられる。

▼水間君　水沼《みぬま》君とも。のちの筑後《ちくご》国三潴《みぬま》郡を本拠とする豪族。『先代旧事本紀《せんだいくじほんぎ》』天孫本紀によると、物部系。『日本書紀』神代紀によれば、宗像氏とともに宗像三女神の祭祀集団を形成し、大陸への航路に関与していたか。景行紀十八年七月丁酉《ていゆう》条に登場する水沼県主《あがたぬし》も同じ氏族と考えられる。

▼靫負　武力をもって王権に奉仕した集団。靫《ゆき》(弓矢をいれて背におう武具)をおって門を警備した。令《りょう》制の衛門府《えもんふ》がその武力の伝統を引き継ぎ、宮城門の警備を担当し、ユゲヒノツカサと称した。

られている。雄略朝＝倭王武の時代には、諸豪族の宮廷への奉仕が組織化され、その頂点に大伴氏や物部氏がいて、倭王権を支える体制ができあがったのである。

韓式土器の甕

渡来人の役割

大伴室屋とともに雄略の遺詔を聞いたもう一人の東漢直掬は、都加使主《つかおみ》とも記され、王仁《わに》を祖とする西文首《かわちのふみ》とともに東西史部とならび称される最有力の渡来系氏族東漢氏《やまとのあやうじ》の始祖となる人物である。上述のように、雄略は史部の身狭村主青・檜隈民使博徳《ひのくまのたみのつかいはかとこ》を寵愛したといい、渡来系氏族に対する信頼は厚かった。東漢氏・西文氏、そして秦氏《はたうじ》などの渡来人は、おもに朝鮮半島南部を出身地とし、高句麗の南下などによる朝鮮半島の混乱を避けて五世紀に倭国に来帰した人びとである。上述の応神《おうじん》紀十四年条によると、秦氏は一二〇県《こおり》、また応神紀二十年条には東漢氏は二〇県という大規模な集団で到来し、いずれも王権に帰属した点が特記される。

これ以前の渡来人としては、葛城襲津彦《そつひこ》が連れ帰ったという桑原《くわはら》・佐糜《さび》・高《たか》宮《みや》・忍海《おしぬみ》四邑《よつのむら》の漢人の祖となった人びとがいるが、彼らは葛城氏に帰属したようだ。葛城地域には朝鮮半島の韓式土器《かんしきどき》▲をともなう南郷《なんごう》遺跡群▲(奈良県御所《ごせ》市)のような五世紀の遺跡が検出されており、渡来人の集住を示唆している。そこでは豪族居館内、あるいは居館周辺の集落内の工房で鍛冶《かじ》、ガラス・石製の玉《ぎょく》などを生産、また製鉄作業も行われていた。さらに近接する名柄《ながら》遺跡・鴨《かも》都《つ》波《ば》遺跡など、この地域の伝統的な拠点集落でも、大規模な灌漑施設の建設や道路の敷設が進められており、渡来人の新しい技術が葛城地域の発展に寄与したようすが看取される。これが五世紀中葉ごろまでの葛城氏の勢力全盛を支えた一つの、かつ大きな要因であった。

葛城氏を制圧して勢威を高めた王権にとっても、渡来人の掌握は大きな意味をもっていた。雄略紀十五年条には秦氏の人びとが分散して諸豪族に役使されていることが問題とされ、秦酒公《はたのさけのきみ》という者に秦氏を統括させるようにしたところ、秦酒公は百《ももあまり》八十《やそ》種勝《のすぐり》から税として絹を集め、朝庭にうず高く積んだので、「禹豆麻佐《うずまさ》」の姓をあたえたといい、これは太秦《うずまさ》▲の語の由来を説明したものである。雄略紀十六年七月条では諸国に桑を植えさせ、秦氏の人びとを移住さ

▼韓式土器　古墳時代の朝鮮半島系土器の総称。朝鮮半島からもたらされた土器以外に、朝鮮半島の土器の特徴を備えた、渡来人《とらいじん》あるいは倭人が日本列島内で製作したものも含む。狭義には軟質土器のみをいい、広義では瓦質土器・陶質土器も含む。渡来人集団の存在を推定しうる有効な遺物である。

▼南郷遺跡群　奈良県御所市南郷・佐田《さだ》・下茶屋《しもちゃや》・極楽寺《ごくらくじ》などに所在する五世紀を中心とする遺跡群。全体に韓式土器や鉄滓がめだち、ガラス・銀・銅・鉄・玉類など各種工房や大壁建物の存在は渡来人との関係を強く示唆する。

▼太秦　京都市右京《うきょう》区の地名。秦氏の本拠地の一つで、広隆寺《こうりゅうじ》が所在。秦氏の本宗は太秦公を称した。

せて税を献上させるようにしたとあり、これは絹の製法の伝播とそれをつかさどった秦氏の役割を示す伝承といえよう。

同年十月条には漢部《あやべ》を聚《あつ》めて、それを統括する伴造《とものみやつこ》を定め、漢直の姓をあたえたとあり、東漢氏の組織化も進められている。東漢氏と西文氏は生駒山《いこまやま》、二上山《にじょうさん》・金剛山系《こんごうさんけい》を挟んで、東方の大和に東漢氏、西方の河内に西文氏が居住した。東漢氏は東漢直掬を統括者とし、身狭村主青や檜隈民使博徳の活躍にうかがわれるように、大和《やまと》盆地南部の飛鳥《あすか》地域への入植と開発に従事している。西文氏は多くの河川が集まり、大阪湾も大きく入り海になっていた「河内《かわち》」の開発、灌漑と耕地化を推進する役割を担った。この地域には住吉津《すみのえのつ》、ついで難波《なにわ》津がおかれ、瀬戸内海から筑紫へ、そして朝鮮半島・中国との通交につながる起点として重要な位置を占め、その港湾管理には西文氏系の渡来人が起用されている。

雄略紀九年七月条には河内国飛鳥戸《あすかべ》郡の人田辺史《たなべのふひと》伯孫《はくそん》について、次のような話が記されている。伯孫は「史」のカバネのとおり、朝廷の文筆を職務とする西文氏系の渡来系氏族であった。その女は古市《ふるいち》郡の人で、やはり西文氏系の

▼**住吉津**　『古事記《こじき》』によると、仁徳《にんとく》天皇のときに墨江之津《すみのえのつ》を定めたとある。六世紀に難波が倭王権の外港として整備される以前、五世紀代には住吉津が大津として中心的機能を果たした。

▼**難波津**　大阪市の上町《うえまち》台地周辺に存した港湾。淀川《よどがわ》の河口に位置し、潮が急であることから浪速・浪花とも書かれた。六世紀には難波館、難波大郡・小郡が設置され、外交使節の迎接を行った。

▼**田辺史**　河内国安宿《あすかべ》郡田辺の地を本拠とする渡来系氏族。同地には奈良時代前期創建の田辺廃寺跡(大阪府柏原《かしわら》市田辺)があり、この氏の氏寺とみられる。

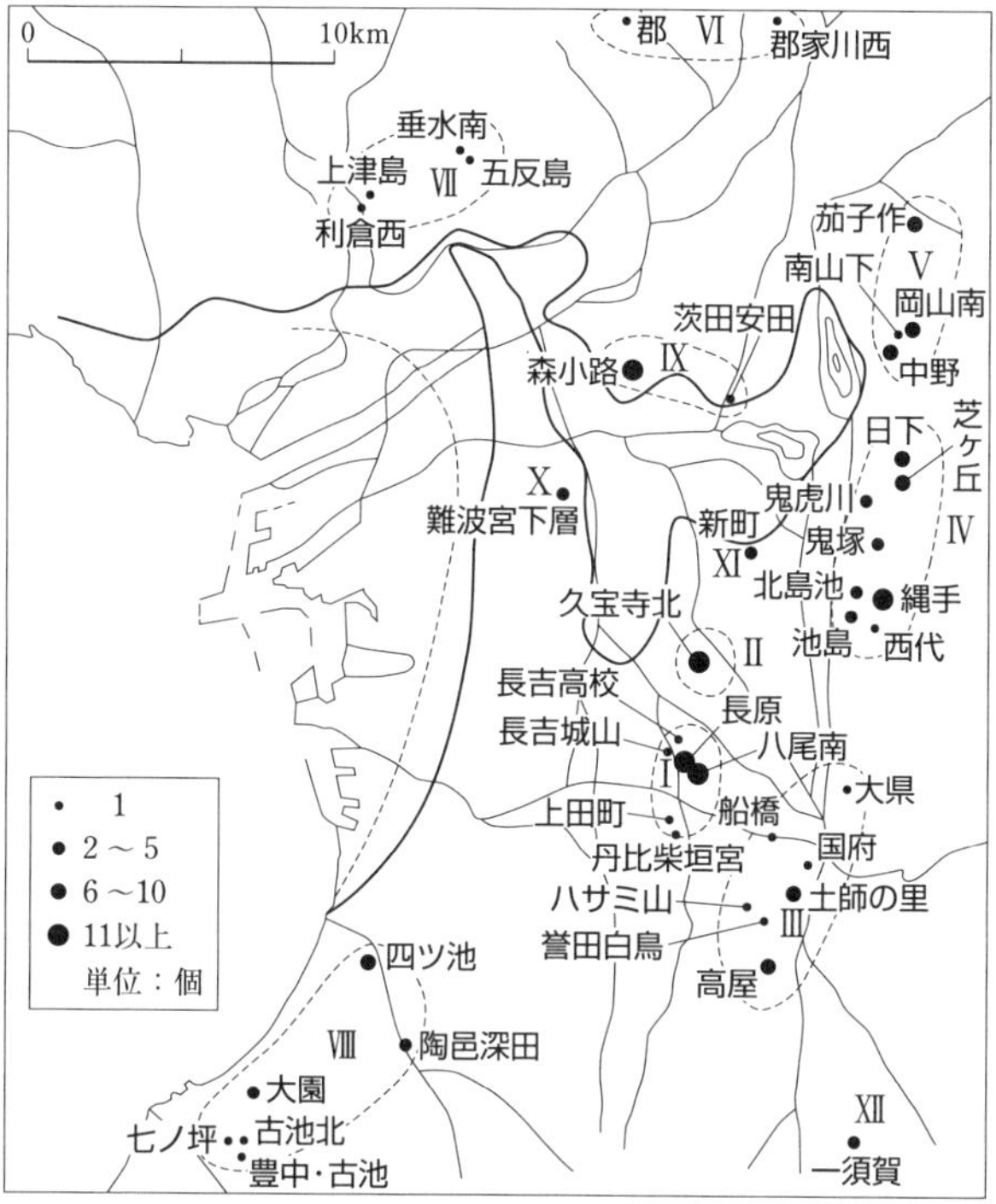

大阪湾沿岸地域の韓式土器出土遺跡（坪井清足ほか監修『古代の日本5 近畿Ⅰ』による）

倭王武・百済王余慶の上表文と類同語句をもつ中国史書・経書

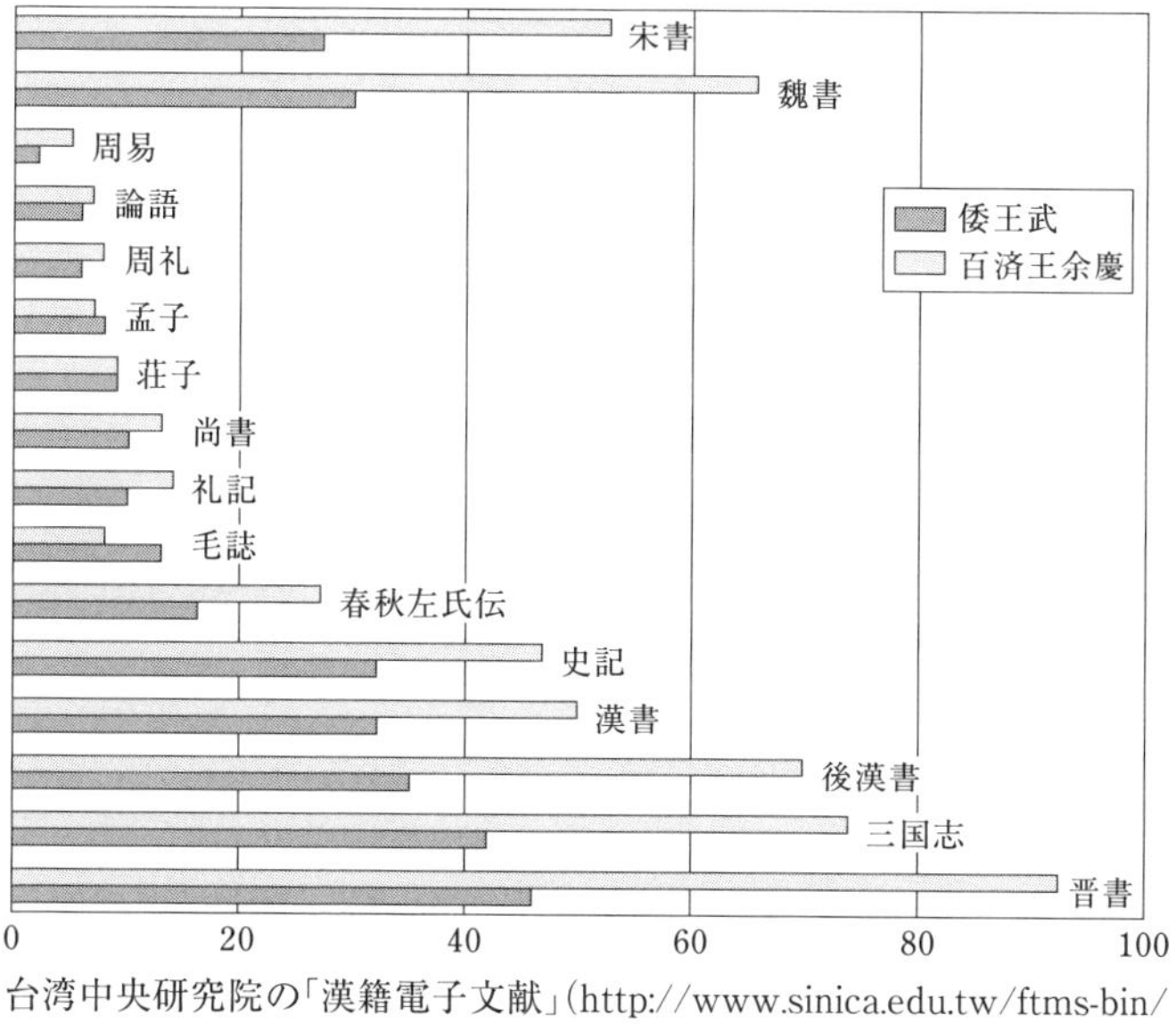

台湾中央研究院の「漢籍電子文献」(http://www.sinica.edu.tw/ftms-bin/ftmsw3/)を参照(田中史生『倭国と渡来人』による)。

書首《ふみのおびと》▲加龍《かりゅう》の妻になっている。この加龍夫妻に子どもが生まれたので、祖父になった伯孫は祝賀にいき、帰路は月夜になった。誉田陵《こんだりょう》（応神天皇の山陵、誉田御廟山《ごびょうやま》古墳か）の下で赤い駿馬に乗った人とであい、伯孫はその駿馬と自分の馬を交換してもらい、大喜びで家に戻り、駿馬を厩《うまや》につないでおいた。翌朝、その駿馬は土馬《どば》（埴輪《はにわ》）に変じており、誉田陵にいくと、伯孫の馬が陵下に繋留されていた。伯孫は自分の馬を引きとり、土馬をもとに戻したという。

この話からは河内地域に展開する西文氏とその結合形態がわかる。また彼らは馬の飼育に従事し、良馬の獲得にも熱心であった。その他、製鉄、織物、須恵器《すえき》▲作製などさまざまな先進技術、また文字の知識を有する史《ふひと》としての活動で彼らが王権の維持・発展に寄与したところは大きい。また上述の身狭村主青の「呉」との通交の話は、彼らが先進文物導入のうえでも主導的立場にあったことを示している。四二五年倭王讃《さん》が宋と通交したとき、司馬▲の曹達《そうたつ》を派遣していること、(3)の金石文《きんせきぶん》の筆者は張安《ちょうあん》であることなどは、倭国にも中国系の氏姓をもつ人びとが到来していたことを教えてくれる。

ただし、渡来人の技術、先進文物の導入はまだ倭王権だけの独占物ではなか

▼書首　文とも書き、朝廷において文筆のことをつかさどる。大和（東）と河内（西）の二国に居住しており、東漢氏系の書氏は書直を称した。書首は西文氏系で、大阪府藤井寺《ふじいでら》市の西琳寺《さいりんじ》を氏寺とした。

▼須恵器　古墳時代中期、朝鮮半島南部の加耶地域の技術者が渡来して生産が始まった窯業製品。成形に轆轤《ろくろ》を使用し、窖窯《あながま》のなかで摂氏一〇〇〇度以上の高温と還元炎で焼き上げ、暗青灰色硬質の製品に仕上げる点は、従来になかった技術である。

▼司馬　将軍になった府主《ふしゅ》は僚属として長史・司馬・参軍などの府官を設置することができた。ただし、倭国や朝鮮諸国が派遣した使者が称する府官は、その本国にあって実際に軍事的な実務に従事していたかどうかは疑わしく、軍官たる「実《じつ》司馬」ではなく、臨時に使節として任命された「虚《きょ》司馬」ではないかと考えられている。

った。上述の吉備上道臣《かみつみちのおみ》田狭《たさ》をめぐる話では、田狭と稚媛《わかひめ》の所生子弟君《おとぎみ》が新羅《しらぎ》《シルラ》に派遣されることになったとき、西漢才伎《かわちのあやのてひと》歓因知利《かんいんちり》という者の発案で、今来《いまき》才伎(新来の技術者)を招聘する任務も託されたという。弟君は父田狭の勧誘により倭王権に叛旗をひるがえそうとしたので、その妻樟媛《くすひめ》が弟君を殺したとあるが、「或本」(『日本書紀』本文とは別の史料)の記述では弟君は使命を果たして百済から帰朝したとも記されている。

このときに到来したのは新漢陶部高貴《いまきのあやのすえつくりこうき》・鞍部堅貴《くらつくりけんき》・画部因斯羅我《えかきいんしらが》・錦部《にしごり》定安那錦《じょうあんなこん》・訳語卯安那《おさめうあんな》らであったといい、須恵器・馬具・絵画・錦織・文筆の技術が伝播されたことを示している。彼らは東漢直掬の統括下にはいり、飛鳥の上桃原《かみつももはら》・下桃《しもつ》原・真神原《まかみのはら》に居住したとあり、王権による新来の技術独占をうかがわせる。ただ、吉備地域にも渡来人▲居住の証拠は多く、王権の用務を担うなかで、吉備氏も新来の技術導入を達成することができたものと考えられる。田狭も朝鮮半島に滞在し続けたようであるから、吉備氏と朝鮮半島との関係、先進文物移入ルートは健在であったといわねばならない。とはいうものの、王権による渡来人の把握、先進文物の独占が大きく進展したのが、雄略=倭王

▼吉備の渡来人　『日本書紀』雄略紀七年条には吉備上道臣と朝鮮半島のつながりが記されているが、同九年条にも紀小弓《きのおゆみ》宿禰の妻となった吉備上道采女《うねめ》大海《おおしあま》が夫の死後に帰国し、仲人の大伴室屋に韓《から》奴《やっこ》の室ら六口を送ったとあり、その他、吉備には秦氏や漢部氏・史《ふひと》戸《べ》氏の分布も知られる。陶質土器やオンドル状遺構など、考古学的な証拠も存する。

武の時代であったこともまちがいないのである。

「治天下大王」の成立

ふたたび(1)〜(3)の金石文に戻ると、五世紀中葉の(1)では「王」であったのに対して、(2)・(3)によると、ワカタケル＝雄略＝倭王武の段階、五世紀後半には「王」を越える称号として「大王《だいおう》」号▲が成立していることに注目したい。高句麗では四世紀後半〜五世紀初めの広開土王《こうかいどおう》が好太王《こうたいおう》と称されており、新羅の領域内の慶州《けいしゅう》《キョンジュ》路西洞《ろせいどう》一四〇号墳出土の乙卯《いつぼう》(四一五)年銘壺杅《こう》に「広開土地好太王」の名がみえている。また延寿《えんじゅ》元(四五一)年銘の慶州瑞鳳塚《ずいほうづか》出土銀合杅《ぎんごうう》には「太王教造」の文字があり、長寿王《ちょうじゅおう》も「太王」を名乗り、新羅に対する高句麗の支配を浸透させていたことがうかがわれる。

府官制的秩序導入のところで説明したように、百済王の下には王・侯が任命されていたので、百済でも「大王」号が用いられていたと考えられる。東アジアにおける大王号所称は、急速な領域の拡大、国内支配の強化、近隣諸国の制圧、中国との積極的な外交などを背景に成立するのであり、倭王武の時期の倭王権

▼**「大王」号**　和語オオキミの漢語表記。「大王」は王の美称で、称号ではないとする意見もあるが、東アジア諸国では称号として用いられていると考えられる。六〇〇年の遣隋使《けんずいし》の言によると、倭王は「阿輩雞彌《おおきみ》阿毎多利思比孤《あめたりしひこ》」と称していた。

もこの条件を満たす段階を迎えていた。武の自称である使持節都督倭《しじせつととくわ》・百済・新羅・任那《みまな》・加羅《から》・秦韓《しんかん》・慕韓《ぼかん》七国諸軍事、安東大将軍倭国王には、百済をも軍事指揮下におく大王として、高句麗に対抗する構想が看取され、開府儀同三《かいふぎどうさん》司《し》の仮授《かじゅ》も同様の意図を反映するものであろう。

倭国の国内での「大王」号成立以前の称号としては、「ワケ」の存在が注意される。応神〜反正も「ワケ」を名乗り、地方豪族のなかでも吉備氏一族は「ワケ」を称していた。(2)のヲワケ(ヲワケコ)とその系譜のなかにも「ワケ」を称する者が散見している。「ワケ」は「別」「和気」などと表記されるが、記紀その他の文献史料によると、「ワケ」を含む人名は四世紀後半〜五世紀の人物に多い。『日本書紀』景行《けいこう》紀四年二月条には七〇余人の皇子を諸国に分封した記事があり、これが諸国の「別」の起源だと説明しているが、実際にはすべての「別」がこれに該当するのではない。

しかしながら、「ワケ」は首長《しゅちょう》を意味する古語と考えられ、ヤマト王権の王や地方豪族が共通して名乗る称号であった点には留意したい。倭王珍のとき、平西将軍倭隋は将軍号が珍とわずかに一階の差で、「倭」という姓を共通にしていた。したがって、そうした称号を共有する平行的な関係から、「大王」のように隔絶した地位を示す称号が出現したのは、倭国の国内支配体制強化、倭王の権威上昇を反映するものとみることができるのである。

金石文(3)の「治天下」に関しては、皇帝・天皇が「御宇《ぎょう》」▲を用いるのに対して、大王は「治天下」を称するのであって、あまり大きな意味はないとする意見もあるが、(2)の「左治天下」など、「天下」概念が強調されていることにも注目してみたい。「天下」とは「世界中、中国全土」のことであり、中国皇帝の支配のおよぶ範囲を示すものであった。(2)・(3)の「天下」は倭王の支配領域をさしており、中国王朝を中心とする「天下」から離れた場所において、自国の領域を「天下」とする観念が成立していたことをうかがわせる。

倭王武の上表文では、それまでとは異なって、吏僚の官爵について除正を求める明確な文言が見当たらないとする指摘もある。倭王武は中国王朝を中心とする「天下」から離脱して、独自の「天下」の支配を構想していたと考えられ、これが以後中国南朝との通交が途絶する理由であったと理解される。その他、四七九年には当の宋王朝が滅亡し、以後急進的な禅譲《ぜんじょう》革命・下剋上《げこくじょう》によって寒《かん》

▼**御宇**　和訓は「治天下」と同じくアメノシタシラス。「宇」は宇内（天下）のことで、皇帝・天皇は「御宇」、大王には「治天下」を冠する。

人《じん》からのし上がってくる南朝の皇帝の冊封《さくほう》を受けることに違和感をいだいたことも、通交が断絶する一因であったと思われる。ともかくも、「治天下大王」の成立によって、倭国が中国王朝の冊封を受けなくても、独自に王権と国土を維持することが可能になったことは重要であり、そこに倭王武段階の一つの達成があった。

ただし、当時東アジア情勢は緊迫しており、倭の五王の系譜も武＝雄略ののちに断絶の危機を迎えることになる。最後にその様相にふれ、倭の五王の時代を総括し、倭国のゆくえを展望してみたい。

④—百済の南遷と倭国のゆくえ

百済王余慶と牟大の上表文

四七八年に倭王武《わおうぶ》が宋《そう》に遣使し、上表文《じょうひょうぶん》を捧呈する少し前、四七五年には百済《くだら》《ベクチェ》は高句麗《こうくり》《コグリョ》の攻撃により滅亡の危機に瀕しており、その後の復興の混乱状態にあった。そうしたなかで倭王武は百済を服属下におき、独自の観念に基づく東アジア秩序の再構築をめざし、その戦略を構想していたのではないだろうか。この百済の混迷と復興における倭国《わこく》の戦略と行動、そして、倭王武以後の倭国のゆくえを検討することにしたい。

四七二年、百済王余慶《よけい》はそれまで通交関係がなかった中国北朝の北魏《ほくぎ》に遣使し、上表文を捧呈して高句麗の無道を訴え、対高句麗戦の支援を要請している(『魏書《ぎしょ》』百済国伝)。余慶とは蓋鹵王《がいろおう》(在位四五五~四七五年)のことで、倭王武の上表文を検討した際にふれたように、余慶の上表文ではここ三〇年間ほど高句麗との緊張関係が続き、財力・軍事力ともに枯渇しようとしている旨が述べられていた。『三国史記《さんごくしき》』には両国の頻繁な戦闘は記されていないが、四五五年十月に高句麗が百済に侵攻したとき、百済は新羅《しらぎ》《シルラ》の救援をえてこれを撃退したとあり、余慶＝蓋鹵王即位以後に緊張が高まっていくことが察知される。

四六九年八月には百済が高句麗の南鄙《なんぴ》に侵入したといい、百済は十月に雙峴《そうけん》城《じょう》を修理し、大柵を青木嶺《せいぼくれい》に設置し、北漢山城《きたかんざんじょう》▲の駐屯兵を分けてその大柵を守衛させ、対高句麗の防衛強化を進めた。それ以降、北魏への遣使までの状況は不明だが、百済の対高句麗戦遂行の決意は固く、高句麗が頻繁に通交し、冊《さく》封《ほう》関係を結んでいた北魏にまで通交するという手段におよんだのであろう。『魏書』百済国伝によると、北魏は高句麗を経由して百済に使者を送って百済支持の返事を伝えようとしたが、高句麗が「昔から百済王の余慶とは仇敵関係にあります」といって、道を塞いだので、ついに百済に到達することができなかったと記されている。

倭王武の上表文では父済《せい》の代から派兵の準備が進められていたかに記されているが、現実には父・兄の死去によって派兵にいたらず、ようやく戦闘準備が整ったので、それを保証する官爵除正《じょせい》を求めるという内容になっており、倭国の切迫感は薄い。一方、百済王余慶の上表文は緊迫感に満ちたもので、それだ

▼**北漢山城**　百済は近肖古王《きんしょうこおう》代の三七一年に慰礼城《いれじょう》から漢城《かんじょう》（漢山城）に首都を遷した。北漢山城は北漢山の麓の旧慰礼城の地、南漢山には平地部の漢城の避難所として南漢山城を築いたという。五五二年ごろに新羅の領土になった際、山上には真興王巡狩碑《しんこうおうじゅんしゅひ》の一つである北漢山城碑が五六八年ごろに建立された。

▼**台湾中央研究院の「漢籍電子文献」**　台湾の中央研究院がインターネット上で公開している。URLを利用してアクセスすると、中国史書・経書など諸文献を検索することができ、便利である。

け百済の窮乏状況が深刻であったことを示している。ちなみに、倭王武の上表文と百済王余慶の上表文は使用されている語句・表現に類似したところがあり(六一ページ下図参照)、捧呈時期も近接しているので、ともに同一の百済人が起草したのではないかという意見も呈されている。

　しかしながら、五世紀代の倭国・百済・高句麗が中国王朝に捧呈した上表文を通覧▲すると(六一ページ下図参照)、中国史書《ししょ》・経書《けいしょ》に依拠して作成されたようすが看取され、広く史書・経書に通暁した人物が、前世紀の晋《しん》代の用例を意識しつつ、宋・北魏で使われたあらたな語句・用例も取り入れて外交文書を起草していたと想定するのがよいであろう。倭王武の上表文と百済王余慶の上表文の表現がにているのは、百済の府官のなかにみえる中国系の氏姓《しせい》を有する人びとの存在、倭国における曹達《そうたつ》や張安《ちょうあん》のような人物など、中国系渡来人《とらいじん》が各国で果たした役割と彼らの教養基盤の共通性に由来するのではないかと考えられる所以である。

　同様に、四九五年に百済王牟大《むだい》(東城王《とうせいおう》)が南斉《なんせい》に捧呈した上表文(『南斉書』百済伝)も、倭王武の上表文と相似している。すなわち、文章の構成がI過去における南朝との関係の強調、Ⅱ近時における国際案件の発生、Ⅲ事件への対応、Ⅳ結果に対する処置としての官職授与の要求と類似しており、冒頭部分の「自昔(昔より)」という語句の一致をはじめとして、用字にもよくにたところがみられるのである。こうした東アジアにおける「漢字文化圏」の共有も、倭《わ》の五王《ごおう》の時代の国際情勢を考えるうえで重要な視点になる。ただし、現実の政治的関係のなかでは、百済には高句麗の攻撃による滅亡の危機が迫り、倭国でも百済の動向と自国の対外政策確立に目配りすることが必要になるのであった。

高句麗の間諜

四七五年九月、高句麗の長寿王《ちょうじゅおう》は三万の兵を率いて百済の都漢城《かんじょう》を包囲し、百済の蓋鹵王を殺害して、首都漢城を陥落させた。この作戦発動にいたる前提として、『三国史記』百済本紀蓋鹵王二十一(四七五)年九月条には、次のような高句麗の間諜《かんちょう》▲による百済攪乱の謀略が進められたことが記されている。長寿王は百済攻撃を企図し、間諜を送り込み、百済の内政混乱を計画した。百済の蓋鹵王は博奕《ばくち》好きだったので、間諜の僧道琳《どうりん》を罪過ありとして百済に亡命させ、

▼**間諜**　間者《かんじゃ》、スパイ。『日本書紀』では推古《すいこ》紀九(六〇一)年九月戊子《ぼし》条に、新羅の間諜で迦摩多《かまた》という者が対馬《つしま》に来たが、捕えて上野国《こうずけのくに》(群馬県)に流したとあるのが唯一の事例。朝鮮諸国では政治的理由による亡命者が相互に交錯しており、間諜を利用した攪乱という手段もしばしば講じられた。

道琳は囲碁《いご》の相手として蓋鹵王に取り入り、実際に名手であったから、蓋鹵王も彼を上客として処遇し、昵懇《じっこん》になる。道琳は蓋鹵王に進言して、壮麗な宮殿や先王の埋葬施設、また一大河川改修工事など、土木工事を興し、国家の荘厳化と民政の安定をはかる国策遂行を勧めた。

百済では四四七年七月に大旱害があり、人民が新羅に流入する。四五四年八月には蝗害《こうがい》が発生するなど自然災害による被害が大きかったので、一見理に適ったこの方策が推進されたが、百済の備蓄は失われ、土木工事に徴発された人民は窮乏し、怨嗟《えんさ》の声が上がり、百済の国政は混乱した。この段階で道琳は高句麗に逃げ帰り、長寿王に出兵の時期が来たことを報告したのである。高句麗兵が王都に迫ったとき、蓋鹵王は「予はおろかで、人を見る目がなく、姦人《かんじん》の言葉を信用して、このような状態になった。今となっては民は傷つき、軍隊は弱体で、危機になっても、誰が進んで私のために力戦してくれるだろうか」となげいたというが、時すでに遅しとなってしまった。

『三国史記』によると、蓋鹵王の前の毗有王《ひゆうおう》▲(在位四二七～四五五年)代には、四三三・四三四年に百済と新羅の和親の通交があり、ちょうどこのころから百済

▼**毗有王**　在位四二七～四五五年。中国史書では余毗《よひ》という姓名を名乗っている。『三国史記』によると、四三三・四三四年に新羅と通好し、新羅からも答礼使《とうれいし》が来た。王は新羅との同盟による対高句麗戦を構想していたと考えられ、倭国との関係は疎遠になった。

と新羅が提携して北方の高句麗に対抗する動きが模索されたようである。四五五年に高句麗が百済を攻撃した際に、新羅が援兵を送って、百済を救援したのはその成果を示している。広開土王《こうかいどおう》の活動によって、新羅は高句麗に服属していたが、長寿王代の五世紀中葉ごろから新羅の高句麗に対する「自立」の動きが生じていたことは認めてよい。その新羅と連携しようとするのが百済であり、高句麗にとって百済は直接対決の相手としてだけでなく、新羅の蠢動《しゅんどう》を支える存在としても憎悪の対象になった。『三国史記』にはまた、毗有王代の四二八年に倭国の使者来訪が記されており、これは応神《おうじん》紀三十九(三〇八＋一二〇↓修正紀年四二八)年条に新斉都媛《しせつひめ》(腆支王《てんしおう》の妹)が来帰したとあるのに対応し、百済は倭国との通交もはかっていたのである。

『三国史記』新羅本紀訥祇麻立干《のうぎまりつかん》▲三十四(四五〇)年七月条には、新羅の何瑟羅《かしつら》(江原道江陵《こうげんどうこうりょう》市)城主三直《さんちょく》が高句麗の辺将(辺境守備の将軍)を悉直《しっちょく》(江原道三陟《さんちょく》市)之原《のはら》で殺害するという事件が記されており、このとき高句麗は軍隊を動員して新羅を討伐しようとしたが、新羅が遣使して謝罪したので、出兵を中止したとある。慈悲《じひ》麻立干十一(四六八)年九月条には、北部の何瑟羅の人びとのう

▼**麻立干**　新羅の王号の一つ。新羅は第三代儒理《じゅり》から第十八代実《じっ》聖《せい》までは尼師今《にしきん》(寐錦《みきん》とも記し、君主の意)、第十九代訥祇から第二十二代智證《ちしょう》までは麻立干を称し、第二十三代法興王《ほうこうおう》にいたって王と称した。麻立は橛《きりかぶ》のことで、社会的地位に応じて座席を表示する風習により、王の橛のもとに臣下がならんだので、王を麻立干と称したとされる。

ち一五歳以上の者を徴用▲して泥河のほとりに城を築いたとあり、新羅は対高句麗の防備を整えようとしている。

この新羅の高句麗からの「独立」のようすについては、『日本書紀《にほんしょき》』雄略紀八(四六四)年二月条にも次のような記事が存する。高句麗王は精兵一〇〇人を新羅に駐留させていたが、新羅人の典馬《うまかい》を随伴して帰国することになった軍士の一人が、「汝《なんじ》の国は、吾が国の為に破られむこと久に非じ」と告げたので、高句麗駐屯の真意が露見してしまった。新羅人の典馬は腹痛を装って一行から離脱し、これを伝え、憤慨した新羅王は国内の高句麗人を殺させたが、一人だけ逃走してこの状況を報告したので、高句麗の侵攻を招くことになってしまった。この話では新羅は「任那王《みまなおう》▲」に救援を求め、「日本府▲行軍元帥等」の発遣を要請したとあり、「任那王」が膳臣斑鳩《かしわでのおみのいかるが》・吉備《きび》臣小梨《おなし》・難波吉士《なにわのきし》赤目子《あかめこ》に出兵を勧め、その援助によって高句麗軍を撃退したことになっている。これは加耶《かや》地域の動向にも留意すべきことを示唆するものであるが、その様相は後述することにしたい。

こうした状況のなかで、高句麗の長寿王は間諜派遣による百済の切崩しを企

▼朝鮮諸国の労役差発　『三国史記』百済本紀辰斯王《しんしおう》二(三八六)年春条によると、百済でも一五歳以上の者を労役に差発しており、一五歳以上を賦課対象とする基準があったようである。

▼任那王　『日本書紀』の「任那」の用法は多様であるが、ここの「任那王」は六世紀の「日本府」の所在地が安羅であったことを考慮すると、安羅王を示すか。

▼日本府　任那日本府のことで、ここの記事を除けば、日本府は六世紀前半に出現する。倭国が朝鮮半島南部を領土的に支配していた事実はなく、日本府の所在地は安羅、「在安羅諸倭臣」がその実態で、必ずしも倭王権の直接支配下にはなく、加耶諸国、とくに安羅の外交政策に関与する現地居住者を中心とする集団と考えられる。

図したのである。百済の首都漢城（漢山城）には北漢山城と南漢山城があり、高句麗軍はまず七日間かけて北城を陥落させた。そして、南城攻撃に移り、軍衆を分けて、四つの街道をとおって挟み撃ちにし、風に乗じて火を放ち、城門を焼いたので、城内からは城をでて降服しようとする者もあらわれ、百済側は収拾がつかない状態になった。追いつめられた蓋鹵王は数十騎を率いて城門をでて、西方に逃走したが、高句麗軍に追撃されて捕獲されてしまう。

このとき、高句麗軍を指揮したのは、高句麗人の対盧《たいろ》▲斉于《さいう》と再曾《さいそ》桀婁《けつる》・古尓《こに》万年《まんねん》の三人で、桀婁は蓋鹵王を捕え、顔に向かって三度唾を吐き、その罪を数え上げたうえで、阿且城《あしょじょう》《アチャソン》（ソウル市城東《じょうとう》《ソンドン》区康壮洞《こうそうどう》《クァンヂャンドン》）下で王を殺害している。長寿王は百済の男女八〇〇〇人を捕虜にして帰国したとあり、高句麗は大きな戦果をえることができた。桀婁と万年は百済で罪をおかして高句麗に逃げた人物であったという。再曾・古尓は百済貴族の姓で、彼らは百済宮廷の内紛を避けて高句麗に亡命したのである。こうした宮廷の内紛、君臣の離反にも間諜道琳の活動を読みとることができよう。

▼**対盧**　高句麗の官名。『後漢書《ごかんじょ》』には相加《そうか》・対盧・沛者《はいしゃ》などがあげられているが、『周書《しゅうしょ》』高句麗伝では大対盧が大官の筆頭とされる。『翰苑《かんえん》』所引「高麗記」は大対盧は国事を総知する役職と説明し、三年交替だが、その就任は有力貴族の戦闘の結果で決まるもので、その間、王は門を閉めて自守し、制御できなかったという。

百済の南遷と倭国

　高句麗の侵攻に対して、百済の蓋鹵王は子の文周《ぶんしゅう》に木刕満致《もくらいまんち》▲・祖彌桀取《そみけっしゅ》を付して、南に逃走させ、王統断絶を回避しようとした。『三国史記』百済本紀文周王即位前紀には、蓋鹵王は籠城固守して時間をかせぎ、文周に新羅の救援を求めにいかせ、新羅との連携によって高句麗に対処するという方策をとろうとしたのだとも記されている。文周は新羅の一万の軍隊を率いて戻ってきたが、すでに王城は破壊され、蓋鹵王も死去していたので、十月に都を熊津《ゆうしん》《くまなり》▲（忠清南道《ちゅうせいなんどう》《チュンチョンナムド》公州市《コンジュ》）に南遷、即位し、百済再建につとめたという。

　『日本書紀』では、この事件は雄略紀二十（四七六）年冬条にかけられているが、分注に引用された「百済記」には「乙卯《いつぼう》年の冬」とあるので、四七五年の出来事であったと解することができる（熊津遷都が十月だとすると、事件終了時点までを含めて、「冬」〈十～十二月〉としたか）。雄略紀二十一（四七七）年三月条にはまた、倭国が熊津の地を百済にあたえて、文周王による百済再建を援助したと記されている。しかし、『三国史記』では百済が救援を求めたのは新羅に対してであり、蓋鹵王の敗死から文周王即位の過程において、倭国が関与した形跡は一切みら

▼**木刕満致**　木羅斤資の子で、文周王代の権臣。応神紀を干支二運修正して、満致を五世紀中葉の人物とみて、倭国への亡命という点に依拠して、蘇我《そが》氏の祖蘇我満智《まち》宿禰と同一人物とする説もあるが、疑問である。

▼**熊津**　五三九年に聖明王が扶《ふ》《プ》余《よ》《ヨ》（泗沘《しひ》）に遷都するまで、百済の首都になった。現在公州市街地に対する調査が進んでいないので、中心山城となる公山城《こうざんじょう》《コンサン ソン》以外の地域が都としてどのような機能を備えていたかは不明の点が多い。

れない。

なお、『日本書紀』分註に引用された「日本旧記《きゅうき》▲」には、「久麻那利《くまなり》を以て、末《ま》多王《たおう》に賜ふ」とあり、末多王は文周王（在位四七五〜四七七年）・三斤王《さんきんおう》（四七七〜四七九年）の次の東城王のことである。これは「蓋し是、誤ならむ」と否定されているが、百済再建の過程と倭国の関係には、さらに検討すべき課題が残されていることを教えてくれる。また『日本書紀』分註には「汶洲王《もんすおう》は、蓋鹵王の母の弟（同母弟の意）なり」とあり、『三国史記』の説明とは別の系譜を伝えている。『三国史記』百済本紀文周王即位前紀には文周王は蓋鹵王の子と記されているが、毗有王が薨去《こうきょ》し、蓋鹵王が即位したとき、文周は蓋鹵王を輔佐し、官位は上佐《じょうさ》平《へい》▲になったとあるので、蓋鹵王と同世代の人物であった可能性が高く、蓋鹵王代の複雑な政情が隠されているようだ。

『三国史記』によると、文周王・三斤王の二代は治世も短く、大姓《たいせい》八族解《かい》氏の解仇《きゅう》による文周王殺害、解仇と結託した燕《えん》氏の燕信《しん》らと三斤王の対立、真《しん》氏の真老《ろう》による解仇誅殺と燕信の高句麗への逃去などが伝えられており、熊津遷都後の百済再建の混乱がうかがわれる。こうした百済の政情が安定するのは、つ

▼「**日本旧記**」　『日本書紀』編纂の素材の一つであったと考えられるが、この箇所以外には引用されておらず、詳細は不明である。

二つの百済王統譜

『三国史記』
蓋鹵王─┬─文周王
　　　　└─昆支─東城王─武寧王

『日本書紀』雄略五・二十一年条
┌蓋鹵王──武寧王
├文周王
└昆支──東城王

▼**佐平**　百済の一六等の官位の最高位。『周書』百済伝によると、定員は五人とある。『日本書紀』には上・中・下の佐平や大佐平、『旧唐書《くとうじょ》』百済国伝には内臣《ないしん》・内《ない》頭《とう》・内法《ないほう》・衛士《えいし》・朝廷・兵官《へいかん》などの職掌を冠する佐平の存在が記されており、地位の高下、職務分担があったと考えられる。

ぎに即位した東城王（在位四七九〜五〇一年）代である。東城王は新羅と連合して高句麗と戦い、新羅との同盟形成や南斉への朝貢など国際関係の構築につとめ、また耽羅《たんら》▲（済州島《さいしゅうとう》《チェジュド》）を服属させて、上述の王・侯《こう》の管轄地名に示される朝鮮半島南西部の経略（馬韓《ばかん》〈慕韓《ぼかん》〉残存勢力の統合）を進めるなど、熊津時代の百済の安定期をつくりだしている。新羅との婚姻同盟は、それまでの有力な姻族真氏・解氏が没落し、沙《さ》氏・燕氏・苩《はく》氏らが台頭したことによるものとも考えられ、熊津遷都初期に現出した貴族勢力との対立・再編成をへて、王権の強化が進められるのである。

この東城王は文周王代に内臣《ないしん》佐平になった王弟の昆支《こんき》▲の子であった。『日本書紀』雄略紀五（四六一）年条には百済王の弟軍君《こにきし》（昆支）の到来が記されており、時の百済王は蓋鹵王であるから、文周王とともに、昆支の系譜にも混乱があることになる。『三国史記』によると、昆支は倭国に一時滞在し、四七七年百済で死去したことになるが、『日本書紀』では彼には来朝時にすでに五子があったといい、帰国記事は見当たらない。そして、三斤王死去に際して、雄略紀二十三（四七九）年四月条によると、倭国は昆支の第二子末多王に兵器を賜与、また筑《つく》

▼**耽羅**　済州島の古名。古来より朝鮮半島西南海上にあって独立を保っていたが、百済の南遷により五世紀後半〜六世紀初めに百済に服属した。六六〇年新羅・唐の攻撃で百済が滅亡した際に「独立」、六六三年白村江《はくそんこう》《はくすきのえ》戦では倭・百済側に加担した。その後、新羅の朝鮮半島統一に抵抗し、倭国に支援を求めたが、倭国は応じず、六七九年新羅の服属国となった。

▼**昆支**　蓋鹵王の弟。『日本書紀』では蓋鹵王を加須利君《かすりのきみ》と記し、昆支は軍君とも記す。昆支はコニキシで、王の意であるから、百済のなんらかの政変で倭国に追放する形で派遣されたとみる説もある。

紫国《しのくに》の軍士五〇〇人を遣わして衛送し、これを東城王として即位させた、とある。

東城王の王統譜《おうとうふ》上の位置や倭国での滞在・百済への帰国時期については両国の史料に懸隔があると思われるが、熊津遷都後の百済に対して倭国が明確な支援を行ったのは、この東城王即位時がはじめてであり、倭国が百済再建に助力したというのは、東城王の即位支持とその後の治世の一応の安定を反映した叙述と評さねばならない。

雄略紀二十三年是歳条にはまた、百済からの調賦《ちょうふ》が常例よりも多かったので、筑紫の安致臣《あちのおみ》・馬飼臣《うまかいのおみ》ら船師《ふないくさ》を派遣して高句麗と戦ったとある。この戦役は朝鮮側の史料には対応記事をみいだせず、不明であるが、このときに派遣された軍士は筑紫、すなわち北部九州の兵力であり、上述の東城王即位時の支援とともに、倭国の外征軍編成の特色を示すものとして留意したい。次の六世紀代には百済では物部《もののべ》・科野《しなの》・巨勢《こせ》・紀臣《きのおみ》・葦北君《あしきたのきみ》・久米《くめ》・竹志《ちくし》など倭人の姓を有する倭系百済官僚▲の活躍が散見しており、筑紫の豪族《ごうぞく》出身者を含むこうした倭系百済官僚登用の端緒は、東城王即位時に求められる。

▼**倭系百済官僚**　『日本書紀』では六世紀前半の欽明紀を中心に活躍する、倭人の姓をもちながら、百済の官位を有する人びと。百済王権の対倭外交や軍事力を担う存在として起用された。

加耶諸国と倭・百済

このような倭国の方策に対して、百済側は必ずしも倭国との関係一辺倒ではなかった。筑紫の豪族を中心とする倭国の軍事的支援は必要であったが、百済は新羅との同盟に対高句麗戦の活路を求め、また南斉との通交など、多元的な外交を構築しようとしており、倭国との関係もその一つにすぎなかったのである。そして、倭国との関係に隔意があったのは、次の六世紀代に百済が新羅とその帰属をめぐって争うことになる加耶諸国との問題があったと考えられる。

上述のように、倭王武が宋に上表文を捧呈した翌年の四七九年には、加羅《から》国王荷知《かち》▲なる者が南斉に遣使し、輔国将軍本国王《ほこくしょうぐんほんごくおう》の官爵をあたえられている（『南斉書』東南夷伝加羅国条）。この「加羅国」は北部加耶地域の高霊《こうりょう》（大加耶《だいかや》、伴跛《はへ》）のことで、五世紀代には大加耶を中心に大加耶連盟とでも称すべき政治的結合が形成されており、それを背景に中国南朝への入貢が実現したのであった。

この北部加耶地域と倭国の関係を示すものとして、百済再建に励む東城王代の出来事とされる『日本書紀』顕宗《けんそう》紀三（四八七）年是歳条の帯山城《たいざんじょう》事件をあげたい。これは紀生磐宿禰《おいわすくね》という者が「任那」により、高句麗と通交し、みずから

▼**荷知**　『三国史記』新羅本紀真《しん》興王《こうおう》十二（五五一）年三月条に、省《しょう》熱《ねつ》省（慶尚南道宜寧《ぎねい》郡富林面《ふりんめん》）出身の楽師于勒《うろく》に一二弦の加耶琴《かやごと》で一二曲を製させたという「加耶王」の嘉悉《かしつ》（実《じつ》）王《おう》のこと。

大加耶連盟の国々（森公章『東アジアの動乱と倭国』に加筆）

神聖《かみ》と称し、「三韓《さんかん》」に王たらんとしたというものである。生磐は任那の左魯那《さろな》奇他甲背《かだこうはい》▲という人物の計略を採用し、百済の適莫爾解《ちゃくまくにげ》を爾林《にりん》(高句麗領内という)で殺害、帯山城(全羅北道《チョルラペクト》泰仁《たいじん》《タエイン》)を築いた。そこで、百済王はおおいに怒り、領軍古爾解《りょうぐんこにげ》・内頭莫古解《ないとうまくこげ》らを遣わして、城を攻撃したので、生磐は「任那」から(倭国に)帰った。百済国は那奇他甲背ら三〇〇余人を殺したという。

雄略紀九(四六五)年条によると、新羅征討のために将軍紀小弓《おゆみ》宿禰・蘇我韓《そがのから》子《こ》宿禰・大伴談連《かたりのむらじ》・小鹿火《おかひ》宿禰が派遣されたとある。紀小弓宿禰らは当初勝利を重ね、喙《とく》▲国を救援したが、結局は敗退し、彼らは喙の地にとどまり、紀小弓宿禰は病で死去したため、子の紀大磐《おおいわ》宿禰がその兵馬・船官・諸小官を引き継ぐために渡海する。この紀大磐宿禰が紀生磐だと考えられる。

紀大磐宿禰に兵権を掌握された小鹿火宿禰は彼を怨み、蘇我韓子宿禰に讒言《ざんげん》して、大磐宿禰殺害をはかり、将軍間に不和が生じ、この軍事は失敗に終った。その後、大磐＝生磐は加耶地域と新羅との境界地帯にとどまり、四八七年の帯山城事件にいたるのである。この事件には任那の左魯那奇他甲背という加耶系の人物が関与しており、加耶の勢力が朝鮮半島に拠点を有する倭国の豪族と高

▼**左魯と甲背**　「左魯」は不詳であるが、彼の孫である麻都《まつ》も称しており、なんらかの称号であったと考えられる。「甲背(肖)」は欽明紀には百済官人が有する称号として散見するので、百済の称号であったとみなされる。百済とも通交する那奇他の多重的関係を体現したものと解される。

▼**喙国**　『日本書紀』では喙己呑《とくことん》とも記される。慶尚北道慶山《けいざん》の古名押梁《おうりょう》(押督《おうとく》)に比定する説もあるが、六世紀前半に金官国(金海《きんかい》《キメ》)・卓淳国(昌原《しょうげん》《チャンウォン》)とともに新羅の攻撃を受けており、慶尚南道の金海の西、昌原との中間にあった国と考えられる。

句麗とを引き込んで、百済の勢力を追い払おうとしたものだったといえよう。百済がこの地域に進出する契機としては、四八一・四八四年に高句麗が新羅を攻撃した際に、「加耶」(大加耶)と連携して救援したことが想起され(『三国史記』新羅本紀 炤知《しょうち》麻立干三年三月条・六年七月条)、今回の事件を口実として百済は北部加耶地域制圧に動いたのである。なお、この那奇他甲背は六世紀の加耶諸国をめぐる紛争のなかで、百済聖明王《せいめいおう》が非難した加耶系の河内直《かわちのあたい》・移那斯《えなし》・麻《ま》都《つ》▲らの祖と考えられ(『日本書紀』欽明《きんめい》紀五〈五四四〉年二月条など)、百済には加耶進出をめぐって、倭国と利害が齟齬《そご》するところもあったようである。

倭国のゆくえ

倭国と北部加耶地域との関係といえば、『日本書紀』神功《じんぐう》紀四十九(二四九＋一二〇→三六九＋六〇＝四二九)年三月条に、倭・百済による新羅攻撃の計画があり、倭は兵力が少なかったので、百済の沙白蓋盧《さはくこうろ》を遣わし、百済の木羅斤資《もくらこんし》・沙沙奴跪《ささなこ》の増兵をえて、卓淳《とくじゅん》を拠点に新羅を討ったという事件も注目される。戦果は比自㶱《ひじほ》・南加羅《ありしひのから》(金官《きんかん》国)・喙国・安羅《あら》・多羅《たら》・卓淳・加羅(大加耶)七国

任那左魯那奇他甲背(肖)の系譜

- 任那左魯那奇他甲背(肖)
  - 倭婦 ＝ 加不至費直(河内直)
  - 加猟直岐甲背鷹奇岐彌 ＝ 百済婦(加耶婦)
    - 阿賢移那斯
    - 左魯麻都

▼移那斯・麻都　六世紀前半、百済と新羅が加耶地域の併呑《へいどん》を争ったとき、安羅にあった「日本府」で実務官として活躍する人びと。帯山城事件に加担した「任那左魯那奇他甲背」の孫と伝えられ、新羅と通謀し、あるいは高句麗の軍事力を引きいれて、百済の安羅侵攻に対抗しようとした。母は百済人または加耶人といわれ、多重的関係で活動した。

の平定と「南蛮《なんばん》」忱弥多礼《とみたれ》（耽羅）と記されているが、卓淳が討伐対象になっていることは不審で、加耶諸国や耽羅が登場することからみて、六世紀代の百済の活動範囲が遡及されたもので、この記事自体は伝承的なものと位置づけたい。ただし、干支三運《かんしさんうん》加算の紀年《きねん》修正により、これが四二九年の出来事であるとすれば、この年には百済毗有王が適稽女郎《ちゃくけいえはしと》を「質《むかほり》」として倭国に派遣しており（『日本書紀』雄略《ゆうりゃく》紀二〈四五八〉年七月条所引「百済新撰」に「己巳《きし》年」〈四二九〉の来朝とみえる）、それを受けた倭が百済とともに加耶諸国を攻撃したのは事実だと解することが可能である。

　また神功紀六十二（二六二＋一二〇→三八二＋六〇＝四四二）年条には、倭の沙《さ》至比跪《ちひこ》（葛城襲津彦《かずらきのそつひこ》か）が新羅の美女二人をえて、新羅と結託して「加羅」を討つという事件が記されている。加羅国王は百済に亡命し、やはり木羅斤資が派遣されて「加羅」を復興することができたといい、これも倭の北部加耶地域への進攻失敗を示すものであるが、四五一年の倭王済の称号のなかにはじめて「加羅」（大加耶）が登場することにつながる活動であった。そして、応神紀二十五（二九四＋一二〇→四一四＋六〇＝四七四）年条には、百済の直支王《ときおう》（腆支王）薨去後、久爾《くに》(尒《に》)辛王《しんおう》即位後の出来事として、王が幼年であったため、木満致が国政を掌握し、王母と相婬《そういん》して多くの無礼を行ったので、天皇はこれを召喚した旨の話が記されている。ここに登場する木満致は、四七五年百済滅亡時に文周王とともに熊津に遷った木刕満致に比定され、これもやはり干支三運を加算して年次を修正すべきである。

これらは木羅斤資—木満致父子が北部加耶地域に勢威をふるったようすを伝えている。木(木刕)氏は百済大姓八族の一つで、大姓者は王・侯に封じられた例もみえ(『南斉書』百済国伝)、東城王時代の百済再建は有力豪族による地方支配の推進に支えられていたともいえよう。四七五年に百済が新羅に救援を要請しようとしたのは、北部加耶地域を介する木氏と新羅の接触があったためと推測されるところである。

しかしながら、四七五年の高句麗侵攻による壊滅的打撃、首都の南遷以後、百済は北部加耶地域に対する影響力回復にも尽力せねばならなかった。帯山城事件は北部加耶地域の反百済の気運にかかわる出来事であったと位置づけられる。木刕満致の専制とは、文周王末年の解氏の反乱から東城王代の四八二年に真氏が登用されるまでの百済貴族の勢力交替期の間隙を突いたものであり、東城王即位直後の事態であったと考えられる。倭国と百済は北部加耶地域に対しては競合関係にあり、毗有王・蓋鹵王代の倭国は必ずしも親百済策ではなかった。『日本書紀』には歴代の百済王との通交記事があるが、毗有王に関しては上述の応神紀三十九年条を紀年修正した記事しかなく、毗有王の存在は抹消されていると評さねばならない。倭の五王の宋との通交表によると、四五一年にはじめて倭国に都督《ととく》諸軍事号が承認されており、この点をめぐっても倭国と百済には隔意《かくい》が生じたのかもしれない。これが四七五年の百済の危機とその後の再建において積極的に援兵を送らなかった遠因となり、百済もまた倭国に依存しようとはしていない。

倭国が専制を非難された木刕満致を引きとったのは、木刕氏が築いた北部加耶地域の「利権」を継承する企図があったためであろう。上述のように、南部加耶地域は五世紀の渡来人の出身地であり、また「任那国司《くにのみこともち》」▲吉備臣田狭《たさ》のような地方豪族の進出も行われていた。こうした加耶地域をめぐる倭国の介入は百済と新羅が加耶諸国の争奪を展開する六世紀代において、倭国が朝鮮半島南

▼**任那国司**　クニノミコトモチのミコトモチは「御言持ち」で、本来はその時々の任務により派遣される使者の意。この「任那」がさす内容は不明だが、「国司」は管轄領域を有した地方官の意味ではなく、使者として理解するのがよいだろう。

部の動乱に関与せざるをえない要因となるのである。ただし、北部加耶地域に対する活動は葛城氏や紀氏（倭系百済官僚の氏姓にもみえる）といった有力豪族独自の行動であった点に留意する必要があり、南部加耶地域における吉備氏の活動ともども、こうした中央・地方の有力豪族の統括も、倭王権にとっては依然として課題であったことがわかる。

倭王武＝雄略は四七九年に死去しており、その後は子清寧《せいねい》（在位四八〇～四八三年）が即位したが、跡継ぎがなく、王位は市辺押磐皇子《いちべのおしはのみこ》の子顕宗《けんそう》（四八五～四八七年）・仁賢《にんけん》（四八八～四九八年）に受け継がれ、その後仁賢の子武烈《ぶれつ》（四九八～五〇六年）は悪逆・粗暴な行為を非難されるなか、後継者がないままに死去してしまう。武烈の和風諡号《しごう》は小泊瀬稚鷦鷯尊《おはつせのわかさざきのみこと》といい、この雄略と仁徳《にんとく》の和風諡号をあわせたような名称は、倭の五王の系譜を引く王統の終幕を象徴するものではないかと考えられる。そこで、大伴金村《かなむら》をはじめとする群臣は、北近江《おうみ》・越前《えちぜん》を根拠地とし、応神五世孫を称する男大迹王《おおどのおおきみ》を迎え、男大迹王が継体《けいたい》天▲皇として即位（在位五〇七～五三一年）、仁賢の女《むすめ》手白香皇女《たしらかのひめみこ》を皇后として倭王権を引き継ぐことになる。

▼**継体天皇**　五〇七年即位。没年は『日本書紀』では五三一年、『古事記《こじき》』では五二九年で、諸説がある。名は男大迹。応神天皇五世孫。父は彦主人王《ひこうしおう》、母は振媛《ふりひめ》。越《こし》・北近江を勢力基盤とし、倭王権に迎えいれられた。和歌山県橋《はし》本《もと》市隅田八幡神社《すだはちまんじんじゃ》所蔵人物画像《じんぶつがぞう》鏡《きょう》によると、即位前から百済武寧《ぶねい》王《おう》とも交流を有し、倭王権の外交に関与していたことが知られる。治世中に加耶諸国をめぐる百済と新羅の紛争や筑紫君磐井《きみいわい》の乱が起きた。

倭王武＝雄略の段階で大王という地位が成立し、強固な王権が確立したかにみえたが、そこには多くの問題があったのである。中央・地方の有力豪族が朝鮮半島と独自に通交する姿は、外交が王権に一元化されていないようすを物語る。その背景には王権による諸豪族の統括が不十分である状況がかいまみられ、外交・内政ともに倭国には大きな課題が残されていた。それは六世紀の加耶諸国をめぐる百済と新羅との紛争、そこに倭国が介入していく過程のなかで解消されるのであるが、五世紀の倭の五王を対象とする本書の範囲からははずれている。そうした六世紀史を展望しながら、ここで倭の五王の時代の叙述をおえたい。

写真所蔵・提供者一覧(敬称略, 五十音順)

梅原章一　　カバー表

神戸大学工学部建築史研究室(復元：黒田龍二, 作図：合田喜賢)作製　　カバー裏

奈良県立橿原考古学研究所附属博物館　　カバー裏, p. 58

参考文献

池田温『東アジアの文化交流史』吉川弘文館, 2002年
石井正敏「五世紀の日韓関係」『日韓歴史共同研究報告書　第一分科篇』日韓歴史共同研究委員会, 2005年
大橋信弥『日本古代の王権と氏族』吉川弘文館, 1996年
大山誠一『日本古代の外交と地方行政』吉川弘文館, 1999年
笠井倭人『研究史　倭の五王』吉川弘文館, 1973年
門脇禎二他編『古代を考える　吉備』吉川弘文館, 2005年
亀田修一「考古学から見た吉備の渡来人」『朝鮮社会の史的展開と東アジア』山川出版社, 1997年
熊谷公男『日本の歴史03　大王から天皇へ』講談社, 2001年
高寛敏『古代朝鮮諸国と倭国』雄山閣出版, 1997年
河内春人「倭王武の上表文と文字表記」『国史学』181, 2003年
小林敏男『日本古代国家の形成』吉川弘文館, 2007年
佐伯有清『日本古代の政治と社会』吉川弘文館, 1970年
佐伯有清編『古代を考える　雄略天皇とその時代』吉川弘文館, 1988年
坂元義種『百済史の研究』塙書房, 1978年
坂元義種『古代東アジアの日本と朝鮮』吉川弘文館, 1978年
坂元義種『倭の五王』教育社, 1981年
鈴木英夫『古代の倭国と朝鮮諸国』青木書店, 1996年
鈴木靖民「倭の五王の外交と内政」『日本古代の政治と制度』続群書類従完成会, 1985年
鈴木靖民編『日本の時代史２　倭国と東アジア』吉川弘文館, 2002年
滝口宏監修, 市原市教育委員会・財団法人市原市文化財センター編『「王賜」銘鉄剣概報』吉川弘文館, 1988年
武田幸男「平西将軍・倭隋の解釈」『朝鮮学報』77, 1975年
武田幸男『高句麗史と東アジア』岩波書店, 1989年
武田幸男編『古代を考える　日本と朝鮮』吉川弘文館, 2004年
田中俊明『大加耶連盟の興亡と「任那」』吉川弘文館, 1992年
田中史生「武の上表文」『文字と古代日本２』吉川弘文館, 2002年
田中史生『倭国と渡来人』吉川弘文館, 2005年
朝鮮学会編『前方後円墳と古代日朝関係』同成社, 2002年
東京国立博物館編『江田船山古墳出土国宝銀象嵌銘大刀』吉川弘文館, 1993年
東野治之『日本古代金石文の研究』岩波書店, 2004年
直木孝次郎『日本古代国家の構造』青木書店, 1958年
直木孝次郎『飛鳥奈良時代の研究』塙書房, 1975年
朴天秀『加耶と倭』講談社, 2007年
黛弘道編『古代国家の政治と外交』吉川弘文館, 2001年
森公章『東アジアの動乱と倭国』吉川弘文館, 2006年
山尾幸久『古代の日朝関係』塙書房, 1989年

森　公章（もり　きみゆき）
1958年生まれ
東京大学大学院博士課程単位修得退学
博士（文学，東京大学）
専攻，日本古代史
現在，東洋大学文学部教授
主要著書
『倭国の政治体制と対外関係』（吉川弘文館2023）
『地方豪族の世界』（筑摩書房2023）
『古代郡司と郡的世界の実像』（同成社2024）
『平安時代の国衙機構と地方政治』（吉川弘文館2024）
『渡海僧がみた宋代中国』（八木書店2025）

日本史リブレット人 002

倭《わ》の五王《ごおう》

5世紀の東アジアと倭王群像

2010年4月20日　1版1刷　発行
2025年8月30日　1版5刷　発行

著者：森《もり》 公章《きみゆき》

発行者：野澤武史

発行所：株式会社 山川出版社

〒101−0047　東京都千代田区内神田1−13−13
電話　03(3293)8131(営業)
　　　03(3293)8134(編集)
https://www.yamakawa.co.jp/

印刷所：信毎書籍印刷株式会社

製本所：株式会社 ブロケード

装幀：菊地信義

ISBN 978-4-634-54802-2
・造本には十分注意しておりますが，万一，乱丁・落丁本などがございましたら，小社営業部宛にお送り下さい。
送料小社負担にてお取替えいたします。
・定価はカバーに表示してあります。

日本史リブレット 人

1 卑弥呼と台与——仁藤敦史
2 倭の五王——森 公章
3 蘇我大臣家——佐藤長門
4 聖徳太子——大平 聡
5 天智天皇——須原祥二
6 天武天皇と持統天皇——義江明子
7 聖武天皇——寺崎保広
8 行基——鈴木景二
9 藤原不比等——坂上康俊
10 大伴家持——鐘江宏之
11 桓武天皇——西本昌弘
12 空海——曾根正人
13 円仁と円珍——河野保博
14 菅原道真——大隅清陽
15 藤原良房——今 正秀
16 宇多天皇と醍醐天皇——川尻秋生
17 平将門と藤原純友——下向井龍彦
18 空也と源信——岡野浩二
19 藤原道長——大津 透
20 清少納言と紫式部——丸山裕美子
21 後三条天皇——美川 圭
22 源義家——野口 実
23 奥州藤原三代——斉藤利男
24 後白河上皇——遠藤基郎
25 平清盛——上杉和彦
26 源頼朝——高橋典幸
27 重源と栄西——久野修義
28 法然——平 雅行
29 北条時政と北条政子——関 幸彦
30 藤原定家——五味文彦
31 後鳥羽上皇——杉橋隆夫
32 北条泰時——三田武繁
33 日蓮と一遍——佐々木馨
34 北条時宗と安達泰盛——福島金治
35 北条高時と金沢貞顕——永井 晋
36 足利尊氏と足利直義——山家浩樹
37 後醍醐天皇——本郷和人
38 北畠親房と今川了俊——近藤成一
39 足利義満——伊藤喜良
40 足利義政と日野富子——田端泰子
41 蓮如——神田千里
42 北条早雲——池上裕子
43 武田信玄と毛利元就——鴨川達夫
44 フランシスコ＝ザビエル——浅見雅一
45 織田信長——藤田達生
46 徳川家康——藤井讓治
47 後水尾院と東福門院——山口和夫
48 徳川光圀——鈴木暎一
49 徳川綱吉——福田千鶴
50 渋川春海——林 淳
51 徳川吉宗——大石 学
52 田沼意次——深谷克己
53 遠山景元——藤田 覚
54 酒井抱一——玉蟲敏子
55 葛飾北斎——大久保純一
56 塙保己一——高埜利彦
57 伊能忠敬——星埜由尚
58 近藤重蔵と近藤富蔵——谷本晃久
59 二宮尊徳——舟橋明宏
60 平田篤胤と佐藤信淵——小野 将
61 大原幽学と飯岡助五郎——高橋 敏
62 ケンペルとシーボルト——松井洋子
63 小林一茶——青木美智男
64 鶴屋南北——諏訪春雄
65 中山みき——小澤 浩
66 勝小吉と勝海舟——大口勇次郎
67 坂本龍馬——井上 勲
68 土方歳三と榎本武揚——宮地正人
69 徳川慶喜——松尾正人
70 木戸孝允——一坂太郎
71 西郷隆盛——德永和喜
72 大久保利通——佐々木克
73 明治天皇と昭憲皇太后——佐々木隆
74 岩倉具視——坂本一登
75 後藤象二郎——村瀬信一
76 福澤諭吉と大隈重信——池田勇太
77 伊藤博文と山県有朋——西川 誠
78 井上馨——神山恒雄
79 河野広中と田中正造——飯塚 彬
80 尚泰——川畑 恵
81 森有礼と内村鑑三——狐塚裕子
82 重野安繹と久米邦武——松沢裕作
83 徳富蘇峰——中野目徹
84 岡倉天心と大川周明——塩出浩之
85 渋沢栄一——井上 潤
86 三野村利左衛門と益田孝——森田貴子
87 ボワソナード——池田眞朗
88 島地黙雷——山口輝臣
89 児玉源太郎——大澤博明
90 西園寺公望——永井 和
91 桂太郎と森鷗外——荒木康彦
92 高峰譲吉と豊田佐吉——鈴木 淳
93 平塚らいてう——差波亜紀子
94 原敬——季武嘉也
95 美濃部達吉と吉野作造——古川江里子
96 斎藤実——小林和幸
97 田中義一——加藤陽子
98 松岡洋右——田浦雅徳
99 溥儀——塚瀬 進
100 東条英機——古川隆久

〈白ヌキ数字は既刊〉